Paul Eduard Vogt

**Die Ortsnamen im Engersgau**

Eine Untersuchung

Paul Eduard Vogt

**Die Ortsnamen im Engersgau**
*Eine Untersuchung*

ISBN/EAN: 9783744607544

Hergestellt in Europa, USA, Kanada, Australien, Japan

Cover: Foto ©ninafisch / pixelio.de

Weitere Bücher finden Sie auf **www.hansebooks.com**

Kgl. Gymnasium mit Realprogymnasium
NEUWIED.

Wissenschaftliche Beilage

zum XIII. Jahresberichte

Ostern 1890.

-> + <-

# Die Ortsnamen im Engersgau.

-+-

## Eine Untersuchung

von

## Prof. Dr. Paul Vogt

Oberlehrer.

Neuwied, 1890.

Strüder'sche Buchdruckerei und Buchhandlung.

# Vorwort.

Da die nachfolgende Untersuchung sich mit der nähern Umgebung von Neuwied beschäftigt, für dergleichen Untersuchungen aber erfahrungsgemäss bei der Bürgerschaft unserer Stadt und der Umgegend ein reges Interesse vorhanden ist, und ich es mit dem Zwecke der Abhandlungen, welche den Jahresberichten höherer Schulen beigegeben werden, sehr wohl im Einklange finde, ein derartiges Interesse zu berücksichtigen, so habe ich eine Form der Darstellung gewählt, welche jenem Interesse entgegen kommt.

Es sind zunächst die Ergebnisse der Untersuchung in zusammenhängender Darstellung mit Weglassung aller Nachweisungen und ohne Quellenangabe mitgeteilt. Dabei habe ich mich bemüht, an dem Beispiele unseres Gaues zu zeigen, wie aus den Ortsnamen die Geschichte, besonders die Kulturgeschichte einer Landschaft mit deutlicher Sprache redet.

Den Fachgenossen hoffe ich genug zu thun durch das nachfolgende alphabetische Verzeichnis aller besprochenen Namen gegebenenfalls mit kurzer Hinzufügung der Deutung und der Quellen.

Die Fachgenossen, welche sich selbst mit dergleichen Dingen abgemüht haben, werden Irrtümer und Missgriffe zu entschuldigen wissen. Andre Leute aber bitte ich mit ihrem Urteil vorsichtig zu sein.

**Neuwied** im November 1889.

# Inhalt.

# 1.
# Der Engersgau.

- —

Einer der schönsten Punkte des an Schönheiten so überreichen Rheinlaufes ist die Mündung der Lahn. Fährt man mit dem Rheindampfer zu Thal, so hat man zur rechten auf ragender Höhe Burg Lahneck, daneben den Einblick ins Lahnthal, gerade vor sich das malerische Oberlahnstein mit seinen mittelalterlichen Thoren und Türmen; zur linken auf halber Höhe Stolzenfels, darüber die waldgekrönten Gipfel des Kühkopfes; im Hintergrunde erscheinen die beiden Eisenbahnbrücken, welche bei Coblenz den mächtigen Strom überspannen und weiterhin grüssen die altehrwürdigen Türme von St. Castor und St. Florin, während der Ehrenbreitstein das Bild abschliesst. Nach der oft grotesken Pracht der Rheinufer zwischen Bingen und Boppard ruht der Blick mit Entzücken auf der Lieblichkeit dieses Landschaftsbildes.

An dieser Stelle begann auf der rechten Seite des Rheins der Engersgau. Die Lahn bildete seine südliche Grenze; flussabwärts begrenzte ihn der Rhein an Ehrenbreitstein, Vallendar, Engers vorüber, an Leutesdorf, Hammerstein, Linz vorbei bis unterhalb Unkel nach Rheinbreitbach; gegenüber am linken Rheinufer lag der Gau „Meinveld". Vom Rheine aus erstreckte sich der Engersgau ein gutes Stück in den Westerwald hinein. Es war das Berggebiet der Montabaurerhöhe, die sich etwa 1800' hoch erhebt, noch heute mit dem Reste eines gewaltigen Eichen- und Buchenwaldes bedeckt; von ihr fliesst nach der Lahn der Gelbach oder die Gelbe, nach dem Rheine rinnen mehrere kleinere Bäche herab. Die Lahn bildete aufwärts bis Langscheid, nicht weit unterhalb Diez, die Grenze; von hier lief sie scharf nördlich auf Montabaur zu. Nördlich von Montabaur erhebt sich ein ausgedehntes Hochland, aus dessen zahlreichen Weihern sich die Saynbach, die Holzbach und die Wiedbach entwickeln; das Gebiet dieser drei Bäche mit ihren zahlreichen Nebenbächen und das zugehörige Stück Rheinebene zwischen Ehrenbreitstein und Neuwied füllt den grössten Teil des alten Engersgaues aus. Seine Ostgrenze läuft demgemäss von Montabaur nach den Quellen der Sayn, des Holz- und Wiedbaches bei Dreifelden, folgt dann im ganzen der Wied bis Neustadt, nur bei Altenkirchen bleibt sie beträchtlich südlich derselben; dann springt sie ein tüchtiges Stück nach Nordosten vor bis zur Wasserscheide zwischen Wied und Sieg und zieht dann als Nordgrenze fast geradlinig nach Rheinbreitbach am Rhein hinunter. Überall grenzte hier im Osten und

Heutzutage füllt der Kreis Neuwied den grössten Teil des Engersgaues. Am Rheine finden wir die Bürgermeisterämter Unkel, Linz, Leutesdorf, Heddesdorf, Neuwied und Engers; weiter bergeinwärts am Holzbach Dierdorf, Puderbach und Nieder-Wambach; in der Nordostecke Asbach, an der mittleren Wied Neustadt und Neuerburg, und auf der Hochebene zwischen Wied und Holzbach Anhausen-Rengsdorf. Auch ein Stück des Kreises Altenkirchen gehörte zum Engersgau; es ist jener Zipfel um Horhausen, welcher keilförmig in den Kreis Neuwied hineinragt. Ferner lag der rechtsrheinische Teil des Kreises Coblenz, die Gegend um Ehrenbreitstein in unserm Gau. Von ehemals nassauischen Landen gehörte zum Engersgau das Amt Montabaur ganz, Selters grösstenteils, von Hachenburg die beiden Kirchspiele Höchstenbach und Rossbach, von Braubach und Nassau alles was nördlich der Lahn liegt, von Diez die Grafschaft Holzappel.

Der ganze Gau besteht abgesehen von der Rheinebene aus rauhem Gebirgsland, der Hauptmasse nach Devon (Coblenzschichten). Jedoch zum grossen Vorteil für die Schönheit der Landschaft sind dieselben vielfach von Basalt-Kegeln und -Kuppen überragt; so bei Linz, so an der mittleren Wied. Dieselben bringen in die etwas eintönigen Rücken und Flächen des Devon malerischen Schwung der Linien. Ausserdem versteckt sich in den Seitenthälern der Sayn, der Wied und des Holzbaches manches unvergleichlich schöne Stück lauschiger deutscher Wald- und Bergpoesie.

---

## 2.

# Die Kelten im Engersgau.

Die ältesten Bewohner dieses schönen Fleckchens Erde, von denen zwar nicht die geschichtliche Überlieferung, wohl aber die Ortsnamen melden, sind Kelten gewesen. Dass das linke Rheinufer ursprünglich von Kelten bewohnt gewesen ist, weiss Jedermann. Aber auf dem rechten fand Caesar bereits im Jahre 55 v. Chr. Germanen. Diese scheinen etwa um 200 v. Chr. an den Rhein vorgerückt zu sein und die Kelten über den Rhein getrieben zu haben. Es ist nicht wahrscheinlich, dass die Kelten schon zahlreiche feste Ansiedlungen in so früher Zeit hatten. Von ihnen dürften die Germanen eine Anzahl zerstört haben; andere werden sie umgenannt haben. So ist es denn kein Wunder, dass die Anzahl der Ortsnamen, die sich bis heute aus der Keltenzeit erhalten haben, nicht sehr gross ist. Etwas besser steht es mit den Namen der Gewässer; diese pflegen ihre Namen auch im Munde neuer Ansiedler zu behalten, wenn auch öfters der neuen Sprache angepasst. So ist der Name des Rheines keltisch.

Den Germanen waren ihre grossen Ströme ausnahmslos weiblich: die Weichsel, die Oder, die Elbe, die Weser, die Ems, die Saale; die Kelten haben dagegen auch männliche Ströme, ausser dem Rhenus den Moenus (Main), den Rhodanus (Rotten, Rhone), den Danuvius (Donau). Auch die **Lahn**, in ältester Form „Logana" hat unzweifelhaft einen keltischen Namen. In ihrem Thale finden wir auch noch andre Spuren keltischer Besiedelung. So heisst der Bach, der sich bei Ems in sie ergiesst, im Jahre 880 n. Chr. „Aumenzu", später „Ominci", dann „Omeze", sollte also heute „Ömse" heissen; der Dialekt machte daraus „Ems". Zu Grunde liegt der keltische Name „Amana", wie in älterer Zeit auch die Ohm in Hessen hiess, und wovon „Amöneburg" an der Ohm seinen Namen hat. Eine andre keltische Benennung für Flüsse oder Bäche ist „Duse" oder „Dause"; in Hessen heissen ein paar Bäche so; in unserm Gau gehört hierher **Dausenau** an der Lahn.

Sehr bekannt ist ferner der keltische Flussname Anara, welcher in der Schweizer „Aare" und der linksrheinischen „Ahr" erscheint. Bei uns heisst der Gelbach in älterer Zeit Anre; von ihm führen die Orte **Kirchähr** (Mont.)[1], 1346 Ober-Anre genannt und **Weinähr** (Nassau), 1267 Anre, ihren Namen. Aber auch ein Bächlein in der Bürgermeisterei Puderbach muss so geheissen haben; darnach ist das Dorf „**Oberähren**" genannt. Sodann ist ein bekannter keltischer Flussname Seine, älter Sequana, der Hauptstrom des mittleren Frankreichs. Auch ihn finden wir in mehreren Spuren in unserm Gau. Zunächst gehört deutlich hierher der **Saynbach**, im Jahre 950 Seina genannt. Von ihm führt die Burg Sayn und das Dorf **Maxseyn** (Selters), 1190 Machseine, seinen Namen. Sodann wird aber in einer Urkunde vom 11. Mai 1238 genannt: „der Bach Seien, der bei Casbach in den Rhein geht"; sollten wir hier nicht den alten keltischen Namen der Casbach vor uns haben? Endlich muss auch bei N.-Wambach ein Bächlein so geheissen haben, von dem der Ort „**Seyen**" seinen Namen führt.

Nicht unbekannt in keltischen Landen ist auch der Flussname Isara; ich erinnere an die Iser im altkeltischen Böhmen und an die Isère in den Westalpen. Auch dieser Name findet sich in unserm Gau. Ein Nebenbach der Sayn heisst **Iserbach**. Von ihm führt die Isenburg ihren Namen. So tragen zwei berühmte deutsche Dynastengeschlechter keltische Namen: die Herren von Sayn und von Isenburg.

Häufig nennen die Kelten die Bäche auch Ill und Elz, letzteres erscheint bei uns in **Elsbach** (Neuerburg) und **Elsaff** (Neustadt). Die Deutschen erklärten das ihnen unverständliche Els- durch ein angehängtes -bach oder -aff, welches gleichviel wie „bach" bedeutet. Ähnlich steht es mit der **Laubach**. So heisst ein kleiner

---

[1]) Die in Klammern hinzugefügten Namen bedeuten die Ämter, in welchen

Nebenbach der Wied, der von Kurtscheid herunter kommt und an der Laubachsmühle, 1 Kilom. oberhalb Altwied, nachdem er einen hübschen Wasserfall gemacht hat, sich in die Wied ergiesst. Bekannter als er dürfte sein linksrheinischer Namensvetter sein, welcher zwischen Capellen und Coblenz in den Rhein geht. Lô heisst im Keltischen Fluss. Da die Deutschen das nicht verstanden, so hingen sie noch ihr Bach dran.

Auch der Bach, welcher am Fusse der Burg Sayn in den Saynbach fällt, der **Brexbach**, hat einen keltisch klingenden Namen; er heisst 950 Brachisa, später Brächse. Als keltisch anzusprechen ist sodann der Name **Dernbach**, auf deutsch Waldbach. Wir finden ihn zweimal in unserm Gau: einmal bei Montabaur; das anderemal bei Puderbach. Schliesslich sei noch erwähnt, dass auch **Gladbach** (Engers), 1179 Gladebach, im Verdacht keltischer Benennung steht.

Zu diesen keltischen Fluss- und Bachnamen treten einige wenige Bergnamen. Im Keltischen heisst der Berg „Mir". Dieses Wort dürfte doch wohl in dem Namen des grossen **Meerberges** bei Linz stecken; und auch der Berg **Mehrs** an der Lahn gehört wohl hierher. Nur zweifelnd erwähne ich, dass einer der kurtrierschen Forste auf der Montabaurerhöhe den Namen „Obdune" führte, was vielleicht mit dem keltischen Worte „dune" die Höhe zusammenhängen könnte.

Bewohnte Orte mit keltischen Namen finden wir an der Lahn: **Dies** 930 Thyeza genannt; **Nassau** im 8. Jhd. Nasouge genannt; darin erscheint derselbe Stamm wie in Nassogne, früher Nasonia im belgischen Luxemburg. Das doppelte „s" und damit die Umdeutschung als „nasse Au" tritt erst im 12. Jhd. auf. **Esten**, der alte Name von Holzappel, 950 Astine, scheint ebenso wie Essen a/Ruhr (Asnithi) eine keltische Gründung zu sein. Auch **Nievern**, dessen Hüttenwerk wenigstens auf dem rechten Lahnufer und somit in unserm Gau liegt, scheint keltisch benannt; es heisst 886 „Niuferen". Am Saynbach liegt ausser Maxsayn, dessen erster Bestandteil wohl den deutschen Mannsnamen **Mago**, Macho enthält, das deutlich keltische **Selters**, im Jahre 930 Saltres, aus „Sal"=Salz und „taras"=Wohnung, Haus, also soviel als Salzhausen, Salzheim. Am Rhein sind keltisch **Vallendar**, 1142 Valendra, und **Mallendar**, 1110 Malendre, als Thal- und Bergheim erklärt; ferner **Brohl**, 1093 Brule, dasselbe Wort wie linksrheinisch Brühl. Es lautet mittellateinisch brogilus, franz. breuil, ital. broglio und bedeutet eine sumpfige Wiese. Auch **Linz**, 874 Linchesce, wird allgemein für keltisch gehalten.

Überblickt man die keltischen Namen, so findet man, dass die Kelten in den Flussthälern des Rheines, der Lahn, des Saynbaches, sowie einigen Seitenthälern des Wiedbaches sich angesiedelt hatten. In die Höhen mit ihren undurchdringlichen Sümpfen und Wäldern einzudringen fanden erst die nachdrängenden Germanen

3.
# Die ersten Germanen.

Zur Zeit Cäsars, also etwa 60 v. Chr., hatten die Kelten das rechte Rheinufer geräumt. An ihre Stelle war am Niederrhein eine Anzahl germanischer Stämme getreten, die man unter dem Namen der „Istaevonen" oder der Rheingermanen zusammenfasst. Zu ihnen gehören die Ubier, welche in unserm Gau wohnten. Östlich und südlich von ihnen sass ein anderer Zweig der Germanen, die Sueben, deren am meisten hervortretende Stämme die Chatten und Marcomannen waren. Von diesen Sueben wurden die Ubier so lange bedrängt, bis sie über den Rhein gingen, sich unter römischen Schutz stellten und sich um „ara Ubiorum", die spätere „colonia Agrippinensis" (Cöln) ansiedelten. An ihre Stelle trat ein suebisch-chattischer Stamm, die von Ptolemaeus erwähnten Ingrionen. Sie haben dem Gau den Namen gegeben. Seit der Aufzeichnung der Gaue im 8. Jhd. erscheint für unsere Gegend der Name „Angrisgowe" und der uralte Mittelpunkt des Gaues heisst noch heute „Engers". Aber noch einige andre Namen mögen schon zur Zeit der Ubier und Ingrionen, also im 1. Jhd. vor Christi Geburt erklungen sein. Es sind jene einfachen Ortsbezeichnungen wie „Ströth" (Neustadt), was soviel als „Wald" bedeutet; „Sohl" (Neuerburg), das einen Ort bedeutet, wo das Wild sich „siehlt", (vergl. den Flurnamen „Hirschsuhl"): Schluten (Asbach), das „ein flachgründiges Wasser mit festem Untergrunde" zu bezeichnen scheint; Raden, jetzt Ober- und Nieder-Raden, (Anhausen), das eine tiefliegende, sumpfige Feld-, Wald- oder Wiesenstelle bedeutet; Deesen (Selters), das zu dem altdeutschen Worte „das" = Moos, Moor zu gehören scheint; Höhr = Schmutz, Sumpf, das dreimal in unserm Gau erscheint, als der Name eines Berges bei Nievern, eines Hofes (Braubach), der später den Spottnamen „Mausloch" führte, und eines Dorfes bei Montabaur, welches 1363 „Hurle" heisst, wohl Hur-loh = Sumpfwald.

Diese Namen stimmen trefflich zu dem Bilde, welches wir uns von dem Aussehen unseres Landes in jener Zeit nach römischen Berichten machen müssen. „Terra", sagt Tacitus, „aut silvis horrida aut paludibus foeda": „das Land starrt von Wäldern und hässlichen Sümpfen"; und anderswo nennt er Germanien: „informem terris, asperam caelo, tristem cultu aspectuque" - „unschön in seinen Landschaften, rauh von Klima, traurig zu bebauen und anzuschauen". Es war eben nichts als Wald und Sumpf, soweit das Auge reichte.

Auch einige zusammengesetzte Namen mögen in jene Urzeit reichen, so die mit „aha" und „apa" oder „afa" zusammengesetzten: beides bedeutet Wasser. Es sind dies das schon oben wegen seines ersten keltischen Bestandteils erwähnte Elsaff (Neustadt), 893 Elsaffe, ursprünglich Name des Baches, welcher bei der Wied-

und Unterelsaff; ferner **Rosbach**, 1249 Rospe, dessen erster
Teil vielleicht ebenfalls keltisch ist, vielleicht aber auch zu ros=
Pferd gehört; sodann **Wida**, wie der Bach im 9. Jhd. heisst,
zusammengezogen aus Widaha = Weidenbach. Von dem Bache er-
hielten später die an ihm liegenden Orte ihre Namen: Altwied,
Altenwied, Wiedmühle, Neuwied. Sodann **Bivira**, wie im 9 Jhd.
der jetzige Aubach heisst, entstanden aus Bivir-aha = Bieberbach.
Von dem Bache haben die Dörfer **Ober-** und **Nieder-Bieber** ihre
Namen. Alt sind auch die Zusammensetzungen mit „tar" = Holz,
Gehölz. Hierher gehören **Holler** (Montab.), 1277 Hollendere
genannt, d. h. am Hollunderstrauch; ferner **Heister** (Unkel)
aus „heisi" = Busch und tar = Holz, also eigentlich Buschholz,
später in beschränkterer Bedeutung junges Buchenholz; im frz.: hêtre.
Mit-loh = Hain, Wald, lat. lucus ist das schon erwähnte **Hurle**, jetzt
Höhr zusammengesetzt; ferner vielleicht der jetzt nicht mehr
vorhandene Ort **Krommel**, ein Hof im Bann von Irlich, 1022
Crombele genannt und **Krümmel** (Selters), die wohl als krummer,
d. h. verkrüppelter Wald zu deuten sind. Auch **Unkel** im
11 Jhd. Unkela, 1057 Unkolo, 1173 Uncla könnte hierher gehören
und zu ahd. unch = Schlange gehören, so dass es „Schlangenwald"
hiesse. Übrigens giebt es eine alte Überlieferung, dass Unkel im
früheren Mittelalter auf dem linken Rheinufer gelegen habe. Be-
denkt man, dass der Unkel gegenüber am linken Rheinufer mündende
Bach der Unkelbach heisst, dass Unkel zur Pfarrei Birgel am
linken Rheinufer gehörte und die geographische Beschaffenheit
der Gegend eine Änderung des Rheinlaufes als sehr wohl möglich
erscheinen lässt, so gewinnt diese Überlieferung eine gewisse
Glaubwürdigkeit. Dann könnten freilich Unkel und Birgel auch
keltische Namen auf lo = Bach sein. Ebenso ungewiss bleibt, ob
**Erpel** (Unkel), das 1116 Herpille, 1173 Herpla, 1209 Erpilla
heisst, und **Krunkel** (Horh.), 1727 Kronkel hierher gehören.
Einen Ort **Lahr**, der vom althochd. lar = locus abzuleiten ist,
muss es an der oberen Wied gegeben haben; jetzt unterscheidet
man Oberlahr, Niederlahr, Burglahr und **Peterslahr**, von denen
das letzte in unserm Gau liegt.

Diese einfachen jetzt nicht mehr verständlichen Namen wie
Ströth, Suhl u. s. w. und die Zusammensetzungen mit - afa,
- aha, - loh, - tar, - lar, wozu anderwärts noch solche mit - mar =
Moor treten, sind am ganzen rechten Rheinufer vom Main bis ans
Meer vertreten; sie sind überall der Niederschlag einer ältesten
Schicht germanischer Bevölkerung, eben der Rheingermanen und
Sueben-Chatten.

4.

# Die Römer.

Schon Cäsar machte den Rhein, Augustus die Donau zur
Grenze des römischen Reiches. Seine Versuche, dasselbe bis zur
Elbe auszudehnen, scheiterten. Wohl wurden die Bataver, Sigambrer
und Ubier, welche über den Rhein gegangen waren, römische
Unterthanen, die rechtsrheinischen Germanen aber blieben frei:
sie zogen sich in die Gebirge zwischen Rhein und Weser zurück:
das Grenzland am Rhein blieb öde oder nur schwach bevölkert.
Domitian (81—96 n. Chr.) unterwarf sodann in schwerem Kampfe
einen Teil der Chatten; um das unterworfene Gebiet zu sichern,
legte er einen Grenzweg, Wall mit Graben, an, der von Rheinbrohl
über den Taunus und um die Wetterau herum bis zum Main bei
Grosskrotzenburg lief. Trajan hat dann die Fortsetzung bis Lorch
an der Rems gebaut und Hadrian das Schlussstück bis zur Donau
6 Kil. oberhalb der Altmühlmündung hinzugefügt. Dieser gewaltige
Grenzweg, limes Romanus, Pfahlgraben, trennte seitdem das
römische Reich vom Barbarenland. Da er in unserm Gau beginnt,
so hat ein Teil desselben etwa 300 Jahre lang (100—400 n. Chr.)
zum römischen Reiche gehört; die etwa innerhalb des Walles
wohnen gebliebenen Ingrionen waren römische Unterthanen; vor
dem Walle werden die Römer nur eine dünne, ganz unschädliche
Bevölkerung geduldet haben.

Es wäre merkwürdig, wenn von dem gewaltigen Römerwerke
nichts mehr vorhanden wäre und kein Ortsname mehr davon
meldete. In der That ist der Grenzweg auf seinem ganzen Zuge
bald mehr bald weniger deutlich noch erkennbar und in der That
ist auch in den Ortsnamen jene merkwürdige Zeit nicht verschollen.
So heisst nicht weit von der Stelle, wo der Römerwall am Rhein
beginnt, ein Berggipfel der **Römerich**, offenbar entstanden aus
Romberg; so heisst der Teil des Römergrabens, welcher sich vor
dem ehemaligen Römercastell in Niederbieber hinzieht der **Hirsch-
graben**, was aus Heeresgraben entstellt sein soll: so lauten die
Flurnamen an der Stelle eben jenes Castelles: **oben der Altenburg** und **auf der Ringmauer.** Im weitern Verlaufe von
der Kreuzkirche bei Melsbach aus nach Osten durchschneidet der
Römerwall den **Wallbusch** und überschreitet den **Wallbach**:
zwischen Rengsdorf und Oberbieber heisst er **der Heidegraben**
oder **Scheideckgraben**, der Wald, durch den er zieht, heisst
der **Scheidwald**; eben hier muss auch der „locus Pale" ge-
sucht werden, welcher in einer Urkunde des 9. Jhd. vorkommt:

über den der „limes" als **Heidegraben** läuft, heisst **Alteck**, sein höchster Punct „**auf der Götz**", die Trümmer eines Castells oberhalb Heimbach-Weis heissen die **Alteburg**,' der aus den Steinen desselben neuerdings erbaute Hof heisst der **Burghof**, ein Bach, welcher hier am Römerwall entspringt und später durch Heimbach fliesst, heisst der **Wallbach**; der steil ins Thal des Saynbachs vom Harmorgen hinabsteigende limes, über den jetzt ein Fusspfad geht, heisst der **Riesenpfad**; wo er dann über die Brexbach setzt, heisst ein Felsvorsprung **Alteburg**, jetzt vom **Alteburg - Tunnel** der Westerwaldbahn durchbrochen. Auf seinem weitern Verlauf nach Hillscheid zu, wo wieder ein Castell war, nimmt er wiederum den Namen **Heidengraben** an: weiterhin zieht er sich nach Arzbach, dessen Kirche nach Cohausen auf dem Flecke eines ehemaligen Castells steht. Dieselbe heisst noch heute **Augst**, im 9. Jhd. lautete der Name Ouza; der örtlichen Überlieferung nach hiess die Kirche **Augusta sacra** und die benachbarte Sporkenburg **Augusta regia**. Von Arzbach zog der limes weiter nach Ems; eine Gasse, welche in die nach Kemmenau führende Strasse mündet, heisst dort „**am Pfahlgraben**"; die Stelle in Ems, wo aller Wahrscheinlichkeit nach abermals ein römisches Castell stand, heisst in älteren Beschreibungen „**auf der Schanz**". Mit dem Überschreiten der Lahn verlässt der limes unsern Gau.

Diese Namen ergänzen in willkommener Weise die Kunde, welche die Reste des Walles und Grabens selbst, sowie der Türme und Castelle als zwar stumme, aber sehr beredte Zeugen von jenem Riesenwerke melden.

<hr>

## 5.

# Die Allemannen im Engersgau.

Das Verhältnis zwischen Römern und Germanen blieb durch 150 Jahre leidlich. Innerhalb des Grenzwalles hielten die Römer auf strenge Ordnung; vor dem Walle war weithin dichtere Ansiedlung verboten; es war dort Weideland für das Vieh der Legionen. Erst weiter landeinwärts, im Siegerland, an der Lenne, Ruhr, Lippe hielten sich die vom Rhein abgedrängten Stämme, weiter südlich hielten in ihren Stammsitzen an der Eder die Chatten treue Wacht. Es fanden zwar zahlreiche Raubzüge und Überfälle seitens der germanischen Jugend statt; im grossen und ganzen aber herrschte Friede. — Ganz anders gestaltete sich die Sache seit der Hälfte des 3. Jhd. n. Chr. Aus dem unbekannten Innern Deutschlands rücken frische Stämme gegen Westen und Süden, verbinden sich mit den hier ansässigen zu grösseren Gruppen und unternehmen es, den römischen Grenzwall zu durchbrechen. So

aus mehreren suevischen und rheinischen Stämmen zusammen-
gewachsen, als verwegensten und gefährlichsten Feind der Römer
am Oberrhein; etwas später am Niederrhein die Franken, ebenfalls
eine Vereinigung älterer Stämme, Chamaven, Brukterer, mit neuen
von Osten gekommenen, besonders den Ampsivariern. Auch die
Chatten schliessen sich dem Bunde der Franken d. h. der Freien
an. Im Laufe des 4. Jhd. wird überall die Rheinlinie wieder
gewonnen und oftmals nicht nur Frankreich, sondern von den
Allemannen auch Ober-Italien, von den Franken sogar Spanien
durch Raubzüge verheert. Endlich um 450 ergiessen sich die
Franken in grossen Schaaren über den Rhein und siedeln sich auf
dem linken Ufer dauernd an; am nördlichsten die Salfranken,
südlicher bis ins Moselland die Ripuarier, noch südlicher die
Chatten. Schon hatten aber auch die Allemannen nicht nur die
Schweiz, sondern auch das Elsass besetzt und während die Franken
von Nordost nach Südwest vordrangen, begegneten ihnen Scharen
von Allemannen, welche von Süd nach Nord wanderten. Auf
beiden Ufern des Rheines sind im 5. Jhd. die Allemannen flussabwärts gewandert und haben sich unter den noch dünn angesiedelten
Franken niedergelassen. Den Beweis für diese in der Überlieferung
nicht gemeldete Völkerbewegung liefern wiederum die Ortsnamen.

Die Allemannen lieben Ortsnamen auf - weiler, - beuren,
- stetten, - wangen, - ingen, - hoven, - bronn, - ach; die Franken
auf - heim, - stadt, - hof, - berg, - born, - bach, - scheid. Nun
finden sich aber auf beiden Seiten des Rheins von Elsass und
Baden an abwärts in abnehmender Dichtigkeit bis über Köln
hinaus Ortsnamen auf - weiler, - ingen und - hoven mitten unter
den Ortsnamen auf die fränkischen Endungen in bedeutender Anzahl (über 1000). Dieselben sind von Allemannen gegründet.
Nunmehr wird auch verständlich, dass 496 die Ripuarier und
Salfranken sich von dem weiteren Eindringen der Allemannen
bedroht fanden und durch einen Kampf auf Leben und Tod in der
Schlacht bei Zülpich sich ihrer erwehrten. Diese Schlacht machte
nicht nur den weiteren Einwanderungen der Allemannen ein Ende,
sondern kehrte die Sache völlig um. Die Franken, vor allem die
zunächst wohnenden ehemaligen Chatten, jetzt Südfranken, breiteten
sich über das allemannische Gebiet am Main und Rhein bis zur
Linie Nürnberg-Rastatt aus. Das Genauere und die Nachweise
findet man bei Arnold, Ansiedelungen deutscher Stämme S. 162
und folgende. Es mussten diese allgemeinen Dinge hier erwähnt
werden, um es erklärlich zu machen, dass auch in unserm Gau
sich allemannische Ansiedlungen finden.

Eine allemannische Colonie findet sich am Holzbach und
obern Saynbach und zieht sich über Montabaur die Gelbe hinunter
zur Lahn. Es sind folgende Orte: **Alberthofen, Brechhofen,
Niederhofen, Giershofen** am Holzbach, **Stahlhofen, Freilingen,
Wölferlingen** und das ausgegangene **Merdingen** an den Drei-

am obern Saynbach; **Stahlhofen** bei Montabaur, endlich **Hübingen**, **Schirpingen** und vielleicht **Kalkhofen** im Gebiet der Gelbe. Zerstreut finden sich ausserdem **Mühlhofen** an der Mündung des Saynbaches in den Rhein; **Hofen** (Asbach), **Altenhofen** (Neustadt). **Ginhoven**, Wüstung wahrscheinlich bei Linz; **Ellingen** (Anhausen), **Bühlingen** (Neust.), **Köttingen** (Asbach) und **Hönningen** am Rhein.

Was zunächst die Namen auf -hofen anlangt, so endigen sie in älterer Zeit auf -hoven; dies ist der Dativ. Plur; bedeutet also „zu den Höfen". Dies besagt also der Name **Hofen** (Asbach). Der erste Teil der zusammengesetzten Namen bezeichnet entweder die Lage, wie in **Niederhofen** und **Nordhofen**, oder den Zweck, wie in **Mühlhofen**, oder noch häufiger den Gründer und Besitzer der Höfe, so in **Alberthofen**, in **Brechhofen**, in welchem die Abkürzung eines mit Bercht oder Brecht zusammengesetzten Namens steckt, wie in Berchtesgaden; in **Stahlhofen**, in welchem der Name „Stahalo", und **Altenhofen**, in dem der Name Aldo steckt; vielleicht auch in **Herlizhofen**, das jetzt in **Hirzen** verkürzt ist; der Name ist wohl aus Heri-laichs-hofen entstanden; Herlach kommt neben Gerlach als Eigenname vor. Undeutlich bleibt **Ginhofen**. Ob der Name **Kalkhofen** hierher gehört, ist zweifelhaft, weil er 1492 Ober-Kalkhoben lautet, was vielleicht auf huoba : hufe weist.

Die Namen auf -ingen sind ebenfalls Dative Pluralis, bei denen die Präposition „zu" ergänzt werden muss. **Ellingen** heisst z. B. „zu den Ellingen", d. h. den Söhnen Ellos; es war also ursprünglich eine Gruppe von Höfen, auf denen lauter Verwandte, nämlich Ellos Söhne, die Ellinge wohnten. So wohnten in **Ötzingen** die Söhne Otzos; Otz ist noch heute die Koseform für Otto; **Hübingen** war von den Söhnen Hubos, **Köttingen** von den Söhnen Kottos, **Wölferlingen** von den Söhnen Wolfheris bewohnt; **Schirpingen** hat früher Scarpingen geheissen, wie der in der Nähe liegende Schärpingerkopf beweist, war also bewohnt von Scarpos Söhnen. Nun braucht aber -ing oder -ling nicht gerade immer den Sohn jemandes zu bezeichnen; oft ist damit einer gemeint, der mit dem Stammort in irgend einer Beziehung steht. So ist bei **Bühlingen** sicher an die Bewohner eines Bühls, d. h. eines Hügels zu denken, bei **Freilingen** an freie Bauern. Zweifelhaft könnte man sein bei **Hönningen**. Der Ort heisst 1019 Hohingon; man könnte also an Bewohner der „Höhe" denken: indess liegt er ganz in der Ebene; ich erkläre ihn deshalb als: „bei den Söhnen Hohes". Der Name „Hoh" kommt ja sowohl einzeln als „Hohe", „Hoche" vor, als auch in Zusammensetzungen z. B. Hohbrecht. Das „n" in dem Namen „Hönningen" ist ganz jung; noch im 13. Jhd. heisst er „hoyngen". Unklar bleibt **Merdingen**.

Zu erwähnen bleibt noch ein alter Flurname. Um 1200 heisst eine Triersche Wildhube auf der Montabaurerhöhe rings um den Lippertsberg: „**Lipredingen**"; die Umhegung ist z. T. noch

Luit-precht, dem dereinstigen Besitzer des Waldes haben; dessen Geschlecht waren die „Liut-prechtinge", oder in fränkischer Mundart die Lipredinge; nach ihnen ist die Wildhube genannt.

Die Endungen -ing und -hoven sind ferner bei den Allemannen häufig gleichzeitig zur Bildung von Ortsnamen benützt worden. Es finden sich zahlreiche Namen auf -inghoven in ganz Allemannien; in der Schweiz sind sie zusammengezogen in -ikon, so Zollikon aus „Zollinchovun", Hüttikon aus „Huntinchovun" u. s. w. Eine solche allemannische Form steckt auch in Giershoven, welches 1613 zwar Gersshoven, aber 1173 „Giselbrechthencoven" hiess, d. i. Giselbrechtinc-hoven, d. h. also „zu den Höfen der Söhne Giselbrechts". Heutzutage heisst der Ort im Volksmunde „Schove", sodass also von dem ersten Bestandteile so gut wie nichts erhalten ist.

Endlich vermute ich in einem Flurnamen den letzten fast unkenntlich gewordenen Rest einer allemannischen Bezeichnung. Auf der Montabaurerhöhe trägt eine Waldwiese den Namen „Däsber". Im Jahre 930 heisst die Stelle „Detenesbuiram": dieser Name würde in Schwaben heute regelrecht „Dietensbeuren" heissen; in Franken war die Endung unverständlich; daher ersetzte man sie durch eine verständliche, wenn auch gänzlich unpassende; um 1200 heisst die Gegend: „Dedinsburch". Der heutige Name „Däsber" scheint dagegen aus einem vorauszusetzenden „Dedinsbeuren" entstanden zu sein. Die Endung „beuren" geht auf „bur" zurück, was soviel heisst als Bau, Haus, von buwen = bauen. Sie findet sich vielfach in Schwaben z. B. „Blaubeuren"; in Westfalen lautet sie „büren" z. B. „Ibbenbüren". In Franken ist sie unbekannt. Diese Namen machen es sehr wahrscheinlich, dass im 5. Jhd. auch in unserm Gau sich eine Anzahl von Allemannen ansiedelten. Nach der Schlacht bei Zülpich (496) waren sie die Unterdrückten und gingen in den weit überwiegenden, herrschenden Franken auf.

## 6.
# Die Ansiedlung der Franken
## im 4. bis 8. Jahrhundert.

Seit dem Ende des 4. Jhd. fielen die Castelle, welche den römischen Grenzwall decken sollten, eins nach dem andern, den Franken in die Hände. Der Grenzwall hörte auf die römische Reichsgrenze zu sein; mühsam wurde noch eine Zeitlang die Rheinlinie gehalten; 50 Jahre später fielen auch Köln und Trier in die Hände der Franken. Seit dem Ende des 4. Jhd. begannen also auch in unserm Gau die Franken sich anzusiedeln; die etwa noch vorhandenen Ingrionen gingen in ihnen auf. Ihre Ansiedlungen, erst dünner, dann dichter und dichter, sind es, welche die Haupt-

Anfangs werden die Franken das Land nur vorübergehend besetzt haben in steter Furcht es wieder an die Römer zu verlieren: doch werden sie schon damals eine Anzahl von Örtlichkeiten, Berge, Bäche, Thäler, Wälder, Auen benannt haben. Das war schon nötig, um sich zurecht zu finden. Viele von diesen Punkten sind dann erst vorübergehend, später dauernd zu Wohnplätzen genommen worden. Ihr Alter verraten diese Namen eben dadurch, dass in ihnen keinerlei Beziehung auf menschliche Niederlassung steckt. Mit ihnen beginnen wir.

## A. Älteste fränkische Namen ohne jeden Hinweis auf menschlichen Anbau.

Als erst wenige Punkte benannt waren, genügten einfache Namen wie Bach, Scheid, Bruch; später als mehrere Bäche, mehrere Scheide und mehrere Brüche benannt werden sollten, musste man sie unterscheiden; man nannte nunmehr den einen Bach „Faulbach", den andern „Rossbach", den einen Scheid „Breitscheid", den andern „Langscheid" u. s. w. Daraus folgt, dass die einfachen Namen im allgemeinen die älteren, die zusammengesetzten schon jünger sind.

### a. Einfache Namen.

Ein solcher einfacher Name, welcher nichts weiter aussagt, als die Beschaffenheit des Ortes, welcher ihn trägt, ist „Seifen" (Asbach). Es fehlt dabei, wie bei vielen dieser Namen, eine Präposition auf die Frage wo? mit dem Dativus; wohl das alte „zuo, ze", welches unserm zu, in, an mit dem Dativus entspricht. „Seifen" steht also für: ze demo Seifen = in dem Seifen. Gemeint ist eine Örtlichkeit, wo aus dem Boden überall Wasser hervordringt. Das Wort ist im mittelfränkischen verbreitet, aber auch in den westfälischen Dialekten wohlbekannt; dort lautet es „Siepen" z. B. „Kottsiepen"; bei den Hessen heisst es „Siefen" z. B. „Müllensiefen"; in Schlesien heisst es wie am Rhein „Seifen", z. B. „Elbseifen", der Quellbach der Elbe, welcher den Elbfall bildet. **Nassen** (Neuerburg) bedeutet „im Nassen". **Muss** (Asbach) = im Moos, d. i. Moor, Sumpf. **Loh** (Dierdorf) bedeutet „Hain", lateinisch „lucus". **Lache** (Neuerburg) ist eine teichartige Erweiterung der Wied. **Boden** (Mont.) heisst im Jahre 1200 „Bodeme": dies ist der Dativus von „bodem" = Boden, Grund, tiefe Stelle. **Bergen** (Diez), ein Hof „in den Bergen". **Steinen** (Selters), ein Hof, „an den Steinen" d. h. Felsen. **Köppel**, ein Berg bei Nordhoven, ein kleiner „Kopf", wie Berge häufig heissen. **Noll** (Linz), wohl für „Hnoll" = Knüll, Kneul, d. i. ebenfalls Kopf; vergleiche unten „Kneuleberg". **Heid, Ober-Heid** (Selt.), ein Dorf und **Nieder-Heid**, im Jahre 1376 ebenfalls ein Dorf, jetzt nur ein Hof.

von selbst, ebenso **Heck(e)**, und **Hecken** (Asbach), **Hardt** (Asbach) bedeutet eine Waldhöhe. **Büsch** (Asbach), dialektisch für „die Büsche". **Bruch** (Horhausen), gegenüber Oberlahr, 1329 „Broche by Lare uf der Wiede" bedeutet sumpfige Wiese. Weiter rheinabwärts bei den ripuarischen Franken lautet es „broich", z. B. Grevenbroich, aber gesprochen -bruch; in Westfalen sagt man -brok und brauk, z. B. Ulenbrok = Eulenbruch. **Brüchen** (Neust.) = „in den Brüchen". **Bach** (Neust.) bedeutet bei den Franken alles fliessende Wasser von der Quelle bis zum ansehnlichen Fluss und zwar ist das Wort im Fränkischen ein Femininum: die Bach, schlesisch: die Bäche, westfälisch: „die Beke". **Giebel** (Horh.) Bergname, eigentlich Vorderseite, dann soviel als Kopf, Bergspitze. **Platte**, Berg bei Fachbach, ein abgeplatteter Berg; wohl erst ein junger Name, denn das Wort ist erst in später Zeit aus dem lateinischen „platea" entlehnt. **Stockin** heisst im Jahre 1200 ein Ort bei Montabaur, d. i. in den Stöcken, jungem Waldwuchs. **Scheid** (Diez) und „im Scheid", Wald bei Isenburg bedeutet die Wasserscheide zwischen zwei Thälern. **Staudt** (Mont.) heisst Hügel, Höhe. Auf Anbau, wenn auch unregelmässigen könnte gehen **Dreis, Ober-** und **Niederdreiss** (N.-Wambach; es bedeutet Brache, unbebaut liegen bleibendes Stück Land, kölnisch „Driesch"; und **Bitze** (Neuerburg), in Flurnamen sehr gebräuchlich, aber von schwer festzustellender Bedeutung, vielleicht = Baumstück? Für alt möchte ich, obgleich ich sie nicht zu erklären vermag, auch einfache Namen halten, wie „**Blind**", Bach bei Ehrenbreitstein; **Caan** (Selters), 1305 Cane; **Norr** (Mont.) Berg bei Eitelborn; **Rems** (Selt.), älter Remse; **Kau** (Neust.); **Mendt** (Asbach); **Over** (Neuerburg); **Pees** (Asbach); **Plag** (Asbach); **Rüddel** (Neustadt); **Hosten** (Mont.); **Neschen** (Neust.) Auch **Bürder** (Neuerburg), **Hommer**, ein Hof bei Leutesdorf und der ehemalige fürstliche Hof **Geuche**, zwischen Heddesdorf und Gladbach, dürften alte deutsche Namen tragen. Dagegen klingt **Hussik**, der Name eines Berges bei Eppenrod (Diez) undeutsch.

Von Bäumen haben folgende Orte ihren Namen: **Birken** (Asbach), **Erl** (Linz), **Linden** (Asbach), **Linden** (Selters), **Buch** (Braub.), Berg; **Hesseln** (Linz), = in den Haseln. **Weiden** (Asbach). **Hoppen** (Neust.), wobei natürlich an wilden Hopfen zu denken ist; **Strunkeich** (N.-Wambach) = Eichenstumpf.

Hierher gehören ferner die Bildungen mit -ahi. Diese Endung wird an Baumnamen angehängt und bedeutet ein Gebüsch von Bäumen dieser Art: sie lautet jetzt -icht, z. B. Erlicht, Birkicht, Dickicht; oder auch - chen, z. B. Weidchen, Flurname von Heddesdorf und Neuwied. In Ortsnamen ist sie zu - ach geworden, wie in **Asbach**, älter Aspach = Asp-ahi d. i. Espenbusch; oder zu ich, ig, wie in **Irlich**, 1022 Irlocha, später auch Erlich, offenbar = Erlenbusch; so wahrscheinlich auch in **Dammig** (Asbach), **Hollig** (Neuerb.), **Kaimig** (Linz), **Ronig**, Linzer- und

Endlich verschwindet wohl auch die Endung ganz und macht sich nur noch durch den Umlaut bemerklich, wie in **Löhe** (Asbach), das aus Loh-ahi = Hainich entstanden ist.

Nicht viel jünger dürften diejenigen Ortsnamen sein, welche Mannsnamen im Nominativus oder Dativus sind. Diese Orte gehörten den betreffenden Leuten; ob es aber Feld, Wald, Wiese oder Steingeröll war, folgt daraus nicht. Hierher rechne ich die folgenden Namen: 1) im Nominativus: **Wahl** (Asbach), der Eigenname Walaho = ein Welscher d. h. Romane; **Hohn** (Asbach) = Huno, und **Wester** (Neuerb.) = Westar. 2) im Dativus: **Frohnen** (Asbach), Dativus von Frono; **Wallen** (Linz), Dativus von dem obenerwähnten Walaho; **Scheuren** (Unkel), Dativus von Scuro, endlich **Elbert,** Ober- und Nieder-, (Mont.), 1200 Elewarthin, Dativus von Elwart.

### b. Zusammengesetzte Namen.

Als sich das Bedürfnis herausstellte, mehrere mit demselben einfachen Namen bezeichnete Orte zu unterscheiden, griff man zu Zusammensetzungen. Und zwar benutzte man zur Unterscheidung entweder eine besonders in die Augen fallende Eigentümlichkeit, oder den Eigennamen des Mannes, welcher dort oder in der Nähe wohnte oder Besitz hatte oder sonst in irgend welcher Beziehung dazu stand. Beispiele der ersten Art sind die oben erwähnten Schwarzbach, Faulbach; für die zweite Art mögen „Lippertsberg" und „Hummelsberg" als Beispiele dienen. Beide Arten von Zusammensetzungen mögen etwa gleichzeitig entstanden sein, wenn auch die zweite Art je später desto zahlreicher werden mochte.

Wir scheiden die zusammengesetzten Namen nach den Stammwörtern und beginnen mit der Gruppe derjenigen,

1. die mit Holz, Hard, Baum, Ast zusammengesetzt sind.

Es sind ihrer nicht viel; der wilde Wald war noch wenig bekannt und lockte nicht zum Aufenthalt. Hierher gehört: **Buchholz** (Asbach); ferner ein paar Namen auf -hard, nämlich **Eichshard** (Linz), **Steinshard** (Neust.) und **Frankenhard** (Coblenz), ein Wald bei Nauort. Der letztere verdankt seinen Namen wohl der Besitzergreifung durch Franken gegenüber jener Allemannencolonie, welche sich, wie wir oben sahen, in jener Gegend gebildet hatte. Die beiden andern Namen sind verschiedener Deutung fähig. Das „s" in „Steins" und „Eichs" weist auf die Eigennamen Stein und Eich. Möglich wäre es aber auch, dass das „s" durch falsche Analogie, wie häufig, hinein geraten ist, dass wir es also mit einem „Eichwald" und „Steinwald" zu thun hätten. Deutlicher ist der Name „Langenbaum" (Selt.), eigentlich „am langen Baum" und „Krummenast" (Asbach), ein Name, der von einem Baume mit einem auffallend krummen Aste hergenommen ist.

2. solche, die mit -bruch, -seifen, -au, -born zusammengesetzt sind.

gras: und **Wertenbruch** (Asbach), worin wohl der Eigenname „Werto" steckt. Etwas häufiger ist -seifen. Es erscheint in **Birkenseifen** (Asbach), einem durch seine Birken ausgezeichneten Seifen; **Diepenseifen** (Asbach), einem besonders tief zwischen Bergen liegenden Seifen (das „p" in „diepen" ist wichtig für den Dialekt; auch siegerländisch heisst „tief" „deb"); **Silberseifen**, wohl so genannt von hell wie Silber glänzendem Wasser; ·**Meierseifen**, ein späterer Name, da das Amt eines Meyers, des Vorstehers eines königlichen Dorfes, erst in der Merovingerzeit aufkam.

Sehr viel häufiger sind die Auen; in der That mussten sie vor allem als Weideplätze und Ansiedlungsorte anlocken. Mit Eigennamen zusammengesetzt sind: **Bennau** (Asbach), von Benno-Berno, wie Anno = Arno. **Arnsau** (Neust.) älter auch Alsau, wohl Arnoldsau; **Bertenau** (Neust.) von Berhto; **Wienau** (Dierdorf) von Wino; **Geilnau** (Diez) von Geilo, jetzt nur noch ein Brunnen. Nach ihren Eigenschaften heissen: **Diefenau** (Asbach), **Breitenau** (Selt.), **Langenau** (Nassau), **Buchenau**, Ober- und Nieder- (Neuerburg), **Krummenau** (Neust.), **Weiherau** (Pastorat Neustadt), **Sengenau** (Neust.), von sengen = brennen, der beliebten Art den Wald zu vernichten, **Wallau** (Asbach), entweder = wallender Bach oder dialektisch für Waldau (im Dialekt wird ld im Inlaut gern zu ll), **Rheinau**, Hof bei Neuwied, am Ende des vorigen Jahrhunderts zerstört. Ungewiss bleiben **Panau** (Neustadt), älter Poenaw und Pfonaw; ferner **Kemmenau** (Nassau) und **Grenzau** (Selt.) Das letzte heisst 1200 Grensoye, auch wird ein Thal Grentz erwähnt; das benachbarte Grenzhausen heisst 1346 Grundeshusen. Mit Grenze haben die Namen nichts zu schaffen. Das slawische Wort „graniza" kam erst im 14. Jhd. über Schlesien ins Deutsche; das deutsche Wort dafür heisst „Mark".

Spärlicher sind die „Borne" vertreten. Mit einem Eigennamen zusammengesetzt erscheint **Eitelborn** (Mont.) im 14. Jhd. Udelborn, von dem Namen Udel, Uodel, der in Udalrich = Ulrich sich zeigt: auch wohl **Meinborn**, in dem Meino, Magino steckt, das in Meinhard erhalten ist. Von seiner Lage hat seinen Namen **Homborn** (Leutesdorf), eigentlich „an dem hohen Born"; von seiner Beschaffenheit **Kalenborn**, älter Caldebrunna, also von der Kälte des Wassers genannt. **Simmern** (Coblenz), heisst um 1200

und hat ihren Namen von dem dort erbauten „Hause", doch wohl eben der Kapelle. **Wirzeborn** (Mont.) wohl von „wurz" = kraut, pflanze.

3. Wir kommen nun zu den zahlreichen Namen auf -bach. Einige davon haben wir oben schon als keltisch angeführt: **Gladbach, Elsbach, Dernbach, Iserbach**; ferner ist **Rosbach** an der Wied aus älterm Rospe entstanden und vielleicht ebenfalls keltisch. Von **Ober- und Nieder-Rossbash** (Hachenburg) ist eine ältere Namensform nicht überliefert; man kann wohl an Ross = Pferd denken. Von der Lage sind benannt: **Hombach** (Neustadt), am hohen Bach; **Höchstenbach** (Hachenburg); von sonstigen Eigenschaften: **Krumbach** (Asbach), **Dasbach** (Neuerburg) von dahs= Moos, also Moosbach; **Breitbach** und zwar **Waldbreitbach** und **Niederbreitbach** an der Wied und **Rheinbreitbach** bei Unkel; **Breibach** (N.-Wambach) heisst wohl soviel als Lehm-, Sumpfbach; **Brubbach** (N.-Wambach) ist aus Bruchbach entstanden (dialektisch wird ch dem nachfolgenden Consonanten assimiliert, z. B. „noch nicht" wird zu „non net"; **Fachbach** (Braubach) hat seinen Namen von „Vach", d. i. ein zum Fischfang dienender Steindamm; deutlich ist **Faulbach** (Selt.); **Ferbach** (Cobl.) hat seinen Namen vielleicht von Farr d. i. Stier; **Horbach** (Mont.) von hor = Sumpf; selbstverständlich ist der Name **Kaltebach** (Nassau). Der Ort **Merkelbach** (Selt) heisst 1218 Marckenberg und hat seinen Namen von mark = Wald, Grenze. **Mutterbach**, gesprochen Mudderbach, der von Hilscheid kommende Bach, hat seinen Namen von Mudder, Modder = Schlamm. **Ober- und Nieder-Steinebach** (Selt.) erklärt sich selbst; **Sulzbach** (Nassau) geht auf salziges Wasser; **Leerbach** (Cobl.), der Bach an dem Vallendar liegt, hat seinen Namen von „lar" = locus, sedes; deutlich ist **Raubach** (Puderbach), **Urbach** (Ur = Auerochs), jetzt getrennt in **Urbach-Kirchdorf** und **Urbach-Überdorf** (Puderbach); **Griesenbach** (Asbach) gehört zu Gries = Sand; **Wambach** hiess früher Wanebach und kommt von wane = Grund, Graben; ebenso heisst ein Bach bei Vallendar. Bei **Limbach** (Asbach) kann man an „lint"= Schlange, aber auch an lim = Leim, Lehm, Schlamm denken; deutlich ist **Winkelbach** (Hachenburg); **Auxbach** (Neuerburg) hängt vielleicht mit angi = enge, schmal zusammen. **Reuschenbach** (Neuerburg) ist vielleicht mit „rusc" = binse in Verbindung zu bringen oder mit dem dialektischen Worte: die Rauschen, welches soviel heisst als „Gesträuch"; Flurnamen: in den Rauschen, im Geräusch sind häufig; das Wort wird wohl seinerseits mit dem ahd. rusc zusammenhängen. **Dauffenbach** (Puderbach), älter Duyffenbach (1395), wird wohl ebenso wie ein im 9. Jhd. genanntes nicht mehr vorhandenes **Diufenbach** nichts weiter heissen als

der Wassermühlen sind **Quirnbach** (Selt.) von „quernen" = mahlen und **Müllenbach**, ein Hof (Cobl.) an einem „Mühlenbach".

Nach dem Besitzer sind genannt: **Alsbach** (Selt.), 1197 Almesbach, von Alhelm; **Baumbach** (Selt.), 1386 Babenbach, von Babo (wie das bekannte Babenberg); **Humbach**, der ältere Name von Montabaur, schon 930 erwähnt, gehört zu Huno; **Hummelsbach** (Cobl.), wie Hummelsberg (Linz), von Hummel d. i. Humbold. **Ransbach** (Selt.), 1300 Ramespach, von Ram = Raban (vergl. Ingram aus Ingraban); **Wiebelsbach** (Cobl.) von Wigbald; **Fockenbach** (Neuerburg), von Focko = Folko; **Mündersbach** (Hachenburg), wohl von Mundheri; **Üttgenbach**, 1331 Otgenbach, jetzt eine Kapelle bei Asbach, von Otto. **Sessenbach** (Selt.) heisst wohl, wie das benachbarte Sessenhausen, nach dort angesiedelten Sachsen. Eine doppelte Erklärung bietet sich für **Rodenbach**; so heisst ein Dorf bei Heddesdorf und ein anderes bei N.-Wambach. Sie könnten ihren Namen von „Rodo" haben; sie könnten aber auch mit „roden" zusammenhängen. Letztere Deutung würde für das Heddesdorfer Rodenbach vorzuziehen sein, wenn es wahr ist, dass es nach einem ehemaligen Hofe „auf dem Roth" genannt sei; es würde dann heissen: „Bach, der durch die Rodung fliesst". Auch bei **Eschelbach** (Mont.), 1200 Eschelebach, könnte man an den Eigennamen Asco, Ascilo denken; doch liegt näher es von Asciloh = Eschenwald abzuleiten.

Ein jüngerer Bachname ist **Nonnenbach**, 1219 Nunnebach, so genannt, weil er durch ein Gelände floss, welches den Nonnen in Rockenfeld gehörte, deren Eigentum auch der ehemalige Hof Grentzelberg war, der am Nonnenbach lag. Mehr oder weniger zweifelhaft oder ganz unerklärbar bleiben: **Arzbach** (Mont.), **Brunnebach** (Hachenburg), vielleicht von Bruno? **Bürdenbach** (Horh.), **Cadenbach** (Mont.), **Daubach** (Mont.) Dorf und **Daubach** (Diez) Bach, **Gackenbach** (Mont.), **Isselbach** (Diez), 1557 Ober-Usselbach, **Schwarbach** (Diez), ein Bach bei Geilnau; **Vilbach** (Selt.), **Welkenbach** (Hachenburg), vielleicht von Waldiko?; **Zürbach** (Selt.), vielleicht gleich „zu der Bach"?; **Büllesbach** (Asbach), **Hurtenbach** (Asbach), **Walgenbach** (Asbach), **Melsbach** (Heddesdorf), **Stebach** (Dierdorf), **Hallerbach** (Asbach), **Brochenbach** (Neust.), **Dinkelbach** (Neust.), **Sensenbach** (N.-Wambach), **Harschbach** (Puderbach), **Linkenbach** (Puderbach), **Puderbach**, **Werlenbach** (Puderbach), **Lahrbach** (N.-Wambach), wohl von lar = sedes, **Casbach** (Linz-Unkel), 1076 Kazbach, vielleicht von Wildkatzen, die an ihm hausten? Als älteren keltischen Namen des Baches vermuteten wir oben Seien. Unklar sind auch die älteren, jetzt verschollenen Namen: 1266 **Peussenbach** supra Brule; aus dem 9. Jhd. **Racibinesbach**, **Poienbach**, **Gracenbach** und **Selibach**.

Im Dialekt wird -bach zu -mich erweicht: so heisst es

Hilchenbach zu „Hilchemich". Sollte der seltsame zweite Name
des Asbergs bei Linz „Düstemich" oder „Dusemich" etwa ursprünglich einen der Bäche bezeichnen, die an ihm entspringen?
Der Umstand, dass eine Anzahl von Namen auf -bach heutzutage verschollen ist, dass ferner so viele nicht mehr zu erklären
sind, dass nur wenige mit Eigennamen zusammengesetzt sind,
beweist das hohe Alter dieser Klasse von Namen. Aber natürlich
sind auch jüngere darunter. Überhaupt sei ein für allemal gesagt,
dass die Schätzung des Alters der Namen stets nur für die ganze
Klasse im allgemeinen gilt, dass im einzelnen aber überall Aus-
nahmen vorkommen.

4.  Die Namen auf -berg, -kopf, -stein, -fels u. s. w.

Den zahlreichen Namen auf -bach entsprechen nicht viel
wenigere auf -berg. Bei folgenden giebt der erste Bestandteil
eine bezeichnende Eigenschaft des Berges an: **Hüllenberg**
(Heddesdort), 1326 Huolenberch, d. h. auf dem hohlen Berg; es
zieht sich ein „Hohl" d. h. eine Schlucht den Berg hinauf, über
welcher der Ort gerade liegt. **Ohlenberg** (Linz), von Ohl,
Ahl = Sumpf; **Mahlberg** (Neuerburg), ein Basaltkegel, von
mahal = Gerichtsplatz; es war die Gerichtsstätte einer Hundert-
schaft, einer Unterabteilung des Gaues; solche Mahlberge gab es
viele, z. B. bei Ems. **Asberg**, Basaltkegel bei Linz, höchste Er-
hebung der ganzen Gegend, von Asc = Esche; **Arenberg** (Cobl.),
1333 Arenberch, von ar = Adler. **Himmelsberg** (Mont.), ein
Berg der Montabaurer Höhe, ein häufiger Bergname, vielleicht
scheinbar bis zum Himmel reichender Berg?; **Hömberg** (Nassau),
1452 Hoynberg, d. i. Hohinberg, also am hohen Berg. **Holder-
berg** (Cobl.), schwerlich von der Göttin Holda, wie der rheinische
Antiquarius will, sondern von Holder = Holunder, Flieder; **Dorn-
berg** (Berg bei Wirges), von Dorn (Weissdorn oder Schlehdorn).
Selbstverständlich sind **Eulenberg** (Horhausen), **Kahlenberg**
(Horh.), **Kaltenbornsberg** (Montabaurerhöhe), **Langscheidsberg**,
Berg bei Cadenbach (Mont.), **Mittelberg**, Berg bei Miellen
(Braub.); **Mühlberg**, Berg bei Arzbach (Mont.), ein nicht mehr
vorhandenes **Mulinberg** (Diez) aus dem Jahre 1301: **Niederberg**,
1308 Nydernberg. Der **Kneuleberg** (Mont.) bei Goldhausen gehört zu dem Worte Knüll, Knoll, Kneuel = Kopf. **Spurkenberg**
hiess der Reichsforst zwischen Rhein, Lahn, Auera (Gelbach) und
Sayn, dessen Rest auf der Montabaurer Höhe steht; ursprünglich
Königsgut der Merovinger und Karolinger, dann in den Händen
der Kouradiner im Lahngau, seit der Zeit der Ottonen kurtrierisch.
„Spurk" ist der Wachholder. **Rosenberg**, ein Hof bei Montabaur,
heisst noch 1762 Reuschenberg und ist so zu erklären wie Reuschenbach. **Grentzelberg**, jetzt Flurname an der Wiedbach oberhalb
Datzeroth, früher ein Hof, 1219 Cruncelenbergh, später den Nonnen
in Rockenfeld gehörig. „Krunzeln" heissen im Dialekt die wilden

Stachelbeeren; vielleicht heisst der Berg darnach. **Schenkelberg** (Selt.) und **Stromberg** erregen Zweifel und Bedenken.

Mit Eigennamen zusammengesetzt erscheinen **Weitersburg** (Cobl.) 1264 Witersberg, 1400 Wittersberg, von Wid-heri; **Hüngsberg** (Asbach) von Huno, Huniko; **Thelenberg** (Asbach) von Thelo, Thilo; **Wilsberg** (Asbach und Diez) von Wilo; **Dattenberg** (Linz), 1248 Dadenberg, von Dado; **Ehrenberg** (Neustadt) von Ero; **Eilenberg** (Neust.), von Eilo, Agilo; **Grübelsberg** (Neust.) von Grübel, d. i. Hrodbald, in der Nähe auch der Grübelshof; **Hohnsberg** (Haus, Neust.) von Huno; **Schöneberg** (Asbach) von Scono; **Hummelsberg**, ein hoher, vom Rhein aus sichtbarer Basaltberg bei Linz mit berühmter Aussicht, von Hummel, d. i. Humbold; **Dörnberg** (Diez), 1630 Durinberg, von Duro, Diuro; **Eckenberg** (Cobl.) von Ecko, Agiko; **Lanzenberg** (Selt.), Berg bei Villbach, von Lanzo; **Lippertsberg** (Mont. Höhe) von Liutprecht.

**Limberg** (Asbach) kann von lint = Schlange kommen. Undeutlich bleibt **Schelberg** (Asbach), **Prangenberg** (Neustadt), das auch als Flurname mehrmals vorkommt; **Scharenberg** (Neust.), **Wahrenberg** (Neust.), **Orsberg** (Unkel), **Minderberg** (Basaltberg bei Linz), **Raffenberg** (Braubach) und der 1325 genannte Hof **Ducemberg** bei Hartenfels (Selters).

Nicht dieser Periode, sondern einer spätern, der Zeit der kirchlichen Gründungen gehören **Johannisberg** (Asbach) und **Priesterberg** (Asbach) an.

Im Dialekt lautet das Wort „berg" wie „berich"; dies wird nach vorhergehendem p, b oder m leicht zu „merich"; so entstand **Stümperich**, der Name eines abgestumpften Basaltkegels bei Linz aus „Stumpberg"; **Stopperich** (Neuerburg) aus Stop-berg: „Stop", oberdeutsch „Stauf", bedeutet ebenfalls „stumpf"; vgl. den „Hohen-staufen". **Hümmerich** (Anhausen), ein Dorf und ein Berg bei Eitelborn (Mont.) ist aus Hunberg entstanden. „Hun" ist hier als „Riese" zu fassen. Hümmerich heissen die Berge, auf denen oder in denen nach heidnischem Glauben Riesen hausten, z. B. der Plaidter Hümmerich, Nickenicher Hümmerich. **Ammerich** (Neust.) ist vielleicht zu erklären als „am Berg". Der schon erwähnte **Römerich** ist aus „Romberg" entstanden.

Ähnliche Bildungen aus mitteldeutschen Gegenden sind: der Formerich, ein erloschener Vulkan bei Daun (Eifel); Lamerich = Löwenberg (Schlesien); Almerich = Altenberg (Thüringen); Siwerich = Siegberg (Siegerland).

Berge mit deutlich hervorspringendem Gipfel heissen „Kopf". So der **Geierkopf** (Braub.) bei Miellen-Nievern; der **grosse Kopf** (Mont.), südlich von Arzbach; der **Heidekopf** (Nassau); der **Hirschkopf** (Mont. Höhe); **Lichterkopf** (Braub.) bei Horchheim; der **Schärpinger Kopf** (Nassau) bei Schirpingen; der **Billensteiner Kopf** (Diez). Der **Biebrichskopf** (Mont. Höhe) hat

Undeutlich bleibt: **Dielkopf** (Berg bei Welschneudorf und Stahlhofen); ferner **Selskopf** bei Langscheid und **Wildemer Kopf** (Mont. Höhe).

Stein = Fels findet sich in folgenden Zusammensetzungen: **Arnstein**, Hof bei Niederlahnstein von Ar = Adler; **Billenstein** (Diez); Bil ist ein häufiger Name von Felsen; **Hochstein** (Diez), Berg bei Giershausen; **Weisse Stein**, Berg bei Nassau; **Lahnstein**: nur Nieder-Lahnstein liegt in unserm Gau: Ober-Lahnstein und die Burg Lahnstein liegen jenseits der Lahn, welche die Grenze bildet. Ursprünglich hiess wohl der Berg, auf dem die Burg gebaut ist, Lahnstein; 1197 lautet der Name „Logenstein": er kommt von dem keltischen Flussnamen Logana = Lahn. Endlich gehört hierher der **Rasselstein**, jetzt ein Walzwerk, 1690 eine Mühle „am Rassenstein"; gemeint ist die felsige Höhe am linken Wiedufer, welche jetzt durch den Steinbruch zum Teil beseitigt ist. Was der erste Teil: Rassen- oder Rassel- bedeutet bleibt undeutlich.

Die Burgnamen auf -stein stammen aus späterer Zeit.

Als erster Teil der Zusammensetzung erscheint Stein in **Steimel**. So heisst ein Ort bei N.-Wambach und ein Berg bei Wirges, auch ist das Wort als Flurname nicht selten; es ist entstanden aus Stein-mal = Gerichtsstätte am Fels.

Eine Basaltkuppe bei Kemmenau heisst „**auf der First**": First ist soviel als Gipfel, Giebel, vgl. Dachfirst, so auch Schillingsfirst (nicht -fürst.)

Auf -fels findet sich nur der eine Name **Weissenfels** (Nenst.). Das Wort -reeg = Abhang erscheint in **Wölsreeg** (Neustadt); -ende = Spitze in **Girend** (Anhausen), -nacken = Rücken in dem verschollenen, 1275 erwähnten **Alsnacke** — einen Hof „Scharpenacken" kenne ich bei Barmen —; **Zipfen**, ein Berg der Montabaurer Höhe, gehört wohl zu Zapfen und Zopf in der Bedeutung: Spitze, Ende. In **Dinspel** (Asbach) steckt vielleicht -bühl = Höhe und in **Arienheller** — zu ergänzen Hof — vielleicht das als Flurname sehr häufige „helle" oder „hell" = Halde, Abhang.

## 5. Die Namen auf -scheid.

Fast ebenso zahlreich als die Namen auf -berg und -bach sind die auf -scheid. Ich zähle ihrer 42.

scheiden; **Haberscheid** (N.-Wamb.), scheid, wo nur Haber wächst;
**Lorscheid** (Linz), 1258 Loscheit, von loh = Hain. Undeutlich
bleiben **Goldscheid** (Neuerburg) und **Bleischeid** (Neuerburg);
**Glockscheid** (Neuerburg) würde, wenn zu „Glocke" gehörig, erst
aus christlicher Zeit stammen; **Hilscheid** (Mont.) heisst 1363
Hirscheid und gehört wohl zu Hirz = der Hirsch. **Baunberscheid**
(Mont.) heisst 1200 Berenscheid, von bero = der Bär; **Krautscheid**
(Asbach) gehört deutlich zu „Kraut", doch bleibt undeutlich, was
für ein „Kraut" gemeint ist.

Deutlich mit Eigennamen zusammengesetzt sind: **Günder-
scheid** (Asbach) von Günther; **Hilkerscheid** (Linz) von Hiltger;
**Kurtscheid** (Neuerburg) von Kurt = Konrad; **Muscheid** (Neuerburg, Puderbach), 1539 Mutscheid von Muto; **Willscheid** (Neust.)
von Willo; **Ditscheid** (Asbach) von Diuto; **Germscheid** (Asbach)
von Germo, Germar; **Maischeid** (Dierdorf), Klein- und Gross-
Maischeid, 1204 Metscheid, von Matho, Math-fried; **Wüscheid**
(Neuerburg) von Wuto; **Etscheid** (Neustadt), Ober- und Nieder-,
von Etto, Ezzo; **Gommerscheid** (Heddesdorf) von Gundmar.

Undeutlich bleiben: **Wirscheid** (Selters), **Zimmerschied**
(Nassau), **Kutscheid** (Selt.), **Parscheid** (Asbach), **Rederscheid**
(Asbach), vielleicht von Rad-heri? **Notscheid** (Linz), **Borscheid**
(Neustadt), 1604 Purchit, **Bauscheid** (Puderbach), vielleicht von
bauen = ackern, pflügen vgl. Bauer, **Strauscheid** (Neustadt), viel-
leicht statt Strauchscheid? **Rüscheid** (Anhausen).

## B. Fränkische Namen, welche auf menschliche Benützung, wenn auch noch nicht auf festen Anbau hinweisen.

Hierher gehören zuerst zwei Namen, welche alte Überfahrts-
stellen über den Rhein bezeichnen, nämlich **Fahr** (Heddesdorf),
gegenüber Andernach, 1194 „Vare" genannt und **Urbar** (Coblenz),
1376 Urfar; das Wort ist aus us = aus, ab und „faran" gebildet
und bedeutet Abfahrts- und Landestelle.

Ferner gehören hierher drei Namen auf -Wiese: **Sauerwiese**
(Asbach), vom sauren Grase so genannt, **Escherwiese** (Neuerbg.),
zweifelhaft ob von „Esche" oder dem Eigennamen „Escher"; und
**Ohligswiese** (Neust.), von „Ohl" = Sumpf oder dem Eigennamen
„Ohlig".

Zahlreicher sind die Namen auf -feld: **Waldfeld** (Selt.);
**Dreifelden** (Selt.); **Weissfeld** (Neuerburg); **Wasemsfeld** (Asbach),
vom Wasem = Rasen; **Rockenfeld** (Heddesdorf); **Bonefeld** (Anhausen); **Schweifeld** (Asbach) = Schweinfeld. Vom Besitzer
heissen: **Honnefeld**, 1204 hunneveld, von Huno; **Döttesfeld**
(Puderbach) von Diuto; **Jahrsfeld** (Anhausen) von Garo; undeutlich **Heckerfeld** (Horhausen) und das jetzt ausgegangene **Reuler-
feld**, gegenüber Urmitz am Rhein.

Endlich sind hier einige Namen zu nennen, welche zu „Hube",

Ackermass = 30 Morgen. Wir finden das Wort als Ortsnamen einfach im Dativ, Pluralis in **Huben** (Asbach) und im Nomin. Sing. in **Huf** (Horh.); zusammengesetzt in **Landshube** (Selt.) **Idelenhuofe**, in einer Urkunde vom Jahre 1210, wo ein ehemaliger Weinberg, der aber jetzt Ackerland ist, „vinea, quae dicitur Idelenhuofe, quae nunc terra arabilis est, prope Langendorf sita" — also an Stelle des jetzigen Neuwied, so heisst; vielleicht auch das 1492 erwähnte **Ober-Kalkhoben**, welches jetzt Kalkhofen heisst (Diez).

## C. Namen, welche deutlich menschliche Niederlassungen bezeichnen.

### a. Einfache.

Die einfachen sind auch hier wieder die ältesten; so **Weis** (Engers), 1059 Wissa = got. veihs, lat. vicus, also Dorf, vgl. Moselweis. **Hof** (Asbach); **Hausen**, Dat. pl. von haus, also „in den Häusern"; es findet sich zweimal, im Amt Neuerburg, 1261 Husen, und im Amt Selters; dasselbe ist **Hussen** (Asbach). **Codden** (Neust.) ist vielleicht soviel als kotten = Hütte.

### b. Zusammengesetzte.

#### 1. mit -gut und -bitze.

Mit -gut finde ich nur den Namen „**Besessengut**" zusammengesetzt, der in einer Urkunde vom Jahre 1266 erscheint: bona, quae dicunt Besessengut. Es muss bei Arenfels gelegen haben.

Der Name „Bitze" ist als Flurname sehr häufig; er bezeichnet meist ein bebautes Stück Land, oft ein mit Bäumen oder Gemüse bepflanztes. Eine Ableitung des Wortes vermag ich nicht zu geben. Als Ortsname erscheint es in **Gasbitze** (Neuerburg).

#### 2. mit -hof.

„Hof" und zwar im Nom. Sing. im Gegensatz zum allemannischen „hoven" im Dat. pl. ist bei den Franken seit alter Zeit bis zur Gegenwart am gebräuchlichsten zur Bezeichnung einer einzelnen bäuerlichen Besitzung: es giebt unter den Namen auf -hof uralte, aber auch solche, welche erst wenige Jahre alt sind. Hier sollen mit den alten auch gleich die jungen erwähnt werden.

Bockenhof (Horh.), 1727 erwähnt; der Thalhof (Neust.), jetzt
nur ein Haus; der Weiherhof (Leutesdorf), Hof am Weiher; der
Steinbacherhof (Dierdorf), der Hahnhof bei Monrepos, 1690
der hof auf dem Hahn = Hagen; der Offhauserhof (Dierdorf),
der Grasbergerhof (Dierdorf); der Ebenfelderhof (Dierdorf).
Der letztere heisst 1492: „hoiff uffn Ebenfeld“; dagegen 1376
noch: „der hof uff dem euenode“; ebanôti heisst ahd. die Ebene;
man sieht, wie im 15. Jhd. das Wort unverständlich wurde und
durch „Ebenfeld“ ersetzt wurde. Ferner der Ackerhof (Neuerburg) und die Mallerbergerhöfe bei Mallendar.

Nach dem Besitzer heissen: Schmitshof (Linz); Steinshof
(Neustadt); Hahnshof bei Bruchhausen (Unkel), von Hagen;
Staxhof (Linz), Stagge ist aus Eustachius gekürzt; Grübelshof
(Neust.) und vielleicht Weidgenshof (Linz) von Widiko oder
Hof im Weidgen?

Ganz jung scheinen der Hammerhof (Neustadt), der Neu-
wegshof (Linz), der Jägerhof bei Monrepos, von dem jetzt nur
noch ein Brunnen vorhanden ist; der Jungfernhof (Neust.); der
Friedrichsthalerhof bei Monrepos; der Forsthof (oberhalb
Hammerstein) und der vor etwa 30 Jahren aus den Trümmern
des Römerkastells „Alteburg“ erbaute Burghof (Engers).

## 3.  mit -dorf.

Neben der Gründung einzelner Höfe scheint, wenn auch
vielleicht etwas später, die Gründung geschlossener Dörfer her-
gegangen zu sein. Es scheint, als ob hervorragende Männer die
besten Landstücke bei der Landverteilung erhalten und dieselben
mit ihrer Sippe und ihren Knechten besiedelt hätten. Dafür
spricht erstens der Umstand, dass die Orte, deren Namen mit
-dorf (= lat. turba) zusammengesetzt ist, fast alle in bester Lage
liegen, nämlich in der Rheinebene oder auf den nächstgelegenen
Höhen; sodann, dass die weitaus meisten Namen auf -dorf als
ersten Bestandteil einen Eigennamen enthalten, eben den Namen
des Gründers. So Leutesdorf, gesprochen Leudesdorf, 868 Liud-
winesthorp, also eine Gründung Liudwins; Gönnersdorf (Heddesdorf), 1300 Gindersdorp, also eine Gründung Günthers; Heddesdorf, 962 Hedenestorp, gegründet von Hedino; Rommersdorf
(Engers), 1107 Rumersdorp, gegründet von Rumhart; Leubsdorf
(Linz), 1173 Lupsdorf, von Lupo (Koseform von Liutprecht);
Rengsdorf (Anhausen), 847 Rengeresdorf, eine Gründung Rengers,
d. i. Ragingers; Wollendorf (Heddesd.), 1202 Woluendorp, eine
Gründung Wolfs; Rachdorf (Dierdorf), gegründet von Racho,
jetzt drei Dörfer: Brückrachdorf, Freirachdorf, 1300 Frigen-
rachdorf, so genannt wegen der Freiheit seiner Bauern von Ab-
gaben, im Gegensatz dazu Marienrachdorf, das jedenfalls einem
Marienkloster oder einer Marienkirche zinspflichtig war. Bendorf (Cobl.), 1105 villa Bettindorp, gegründet von Betto; dies
muss bei den Franken ein beliebter Name gewesen sein, denn es

findet sich in Nassau und Hessen ein Bettenhausen, Bettenrode, Bettenscheid und Bettenwiesen. **Ariendorf,** 1217 Arindorp, gegründet von Aro; **Elgendorf** (Mont.), 1200 Elchindorf, eine Gründung Elchos; **Ettersdorf** (Mont.), gegründet von Edheri oder Edrich; **Hundsdorf,** eine Gründung Hundos oder Hunos; **Immendorf** (Cobl.), gegründet von Immo; **Mogendorf** (Selt.), von Magano. Dazu kommt das um 1200 erwähnte, wieder verschwundene **Aldendorf** (Mont.), eine Gründung Aldos. Analog möchte man in **Dierdorf,** 1204 dyrdorph, den Eigennamen Diuro und in **Segendorf** (Heddesd.), 1326 Seychtindorph, den Eigennamen Sechto, nach dem wohl auch Sechtem = Sechtheim zwischen Köln und Bonn genannt ist, annehmen.

Als neuer erscheinen daneben nur die Dörfer **Neudorf** (Cobl.), **Welschneudorf** (Mont.), **Langendorf** (Heddesd.), 1179 Langindorf, an der Stelle des jetzigen Neuwied; **Pfaffendorf** (Cobl.), 1158 Paffendorf, durch seinen Namen als Besitz der Kirche bezeichnet.

Unsere Annahme von der Anlage dieser Orte auf -dorf durch einzelne hervorragende Männer findet eine Stütze in der ganz ähnlichen Namengebung bei der Colonisation der ostdeutschen Länder im 12. und 13. Jhd. Damals wurde von dem Fürsten des Landes einem Unternehmer ein grösseres Stück Land zu Ansiedlungszwecken übergeben. Der Unternehmer verteilte es an die ansiedlungslustigen Bauern, gab dem angelegten Dorf seinen Namen und wurde Schultheiss (Schultze, Scholz) desselben. Zur Erläuterung führe ich einige Ortsnamen aus Niederschlesien (Bunzlau) an: Giesmannsdorf (entstellt aus Goswinsdorf), Hartmannsdorf, Hermannsdorf, Kunzendorf, Lorenzdorf, Ottendorf, Petersdorf, Woltersdorf, Rengersdorf u. s. w. Die Ähnlichkeit ist deutlich.

### 4. mit -heim.

Heim ist desselben Stammes wie das griechische „keimai", dürfte also wohl zunächst ein „Lager" bedeuten. Aus solchen „Lagern" mochten häufig bleibende Niederlassungen hervorgehen. Es ist nun bemerkenswert, dass Ortsnamen auf -heim sich nur im östlichen Teil unseres Gaues (Coblenz und Montabaur) und auch da nur in geringer Anzahl (6) finden. Denn **Vollheim,** ein ganz neues Haus bei Neustadt, ist nicht zu rechnen und **Schimmelhahn** (Neuerburg) soll zwar 846 Scindalasheim geheissen haben; es fragt sich aber, ob man nicht Scindalashein = hagen lesen muss. Im rechtsrheinischen Bezirk Coblenz finden sich **Arzheim,** das ursprünglich Adaldisheim hiess, das wieder aus Adelgundisheim gekürzt ist. Adelgundis ist die Schutzheilige des Ortes, der sich also als eine jüngere, kirchliche Gründung erweist. Auch **Mühlheim** im Thal, 1019 Mulena, jetzt Thalehrenbreitstein, ist wie alles, was mit Wassermühlen zusammenhängt, jüngeren Ursprungs. Dagegen ist **Horchheim,** 1197 Horichheim, eine alte fränkische Ansiedlung. In Montabaur kommen noch hinzu **Bladernheim** und

der erste Bestandteil ein Mannsname sein: Hoh-rich, Blad-rich, Mazo und Gillo. Was wollen aber diese vier Ortsnamen auf -heim, denen das gänzliche Fehlen im grössten Teil des Gaus gegenübersteht, heissen gegen die ausserordentliche Fülle dieser Namen auf dem linken Rheinufer und in Rheinhessen? Unserm Gau gegenüber finden wir am linken Rheinufer in nächster Nähe: Bubenheim, Kesselheim, Bassenheim, Wallersheim, Miesenheim, Mühlheim. Da nun auch in Althessen die Namen auf -heim ebenso selten sind, wie auch nördlich von unserm Gau im Siegerland und im Bergischen, so folgt daraus, dass diese Namen erst seit der Wanderung der Franken über den Rhein üblicher wurden; vielleicht, weil erst jetzt aus den Lagerstätten im Feindeslande zahlreiche bewohnte Stätten hervorgingen.

## 5. mit -hausen.

Für die fehlenden Ortschaften auf -heim bilden die auf -hausen einen Ersatz. Sie sind wohl die jüngsten unter allen bis jetzt genannten, weil sie ausdrücklich auf den Bau von Häusern hinweisen, was doch gewiss erst geschah, als man sich dauernd festgesetzt hatte. Ganz überwiegend erscheint der Dativ. Pluralis „-hausen"; der Nominativ Singularis „-haus" ist selten und, wo er vorkommt, ganz jungen Ursprungs, wie z. B Schuthaus (Puderb.)

Es finden sich: Anhausen, 1204 Hanhusen, zu Hanno, Anno = Arno. Paffhausen (Neustadt), eine kirchliche, also jüngere Besitzung; Drinhausen (Asbach), vielleicht entstanden aus Draginhausen von Drago?; Bruchhausen (Unkel), eine Gruppe von Häusern auf einem ehemaligen Bruch; Linzhausen, Häuser bei Linz; Nodhausen, 1326 Noythusen, damals Wittwensitz der Gräfin „Isalde von Brunsberch", jetzt nur noch Park, ursprünglich doch wohl einige Häuser gegen Kriegs- oder Wetternot; Allmannshausen, Vorstadt von Montabaur, 1476 Armenhussin; sollte nicht doch die heutige Form als die vollere die ältere sein und auf Allmann = Adelmann zurückgehen? Ellenhausen (Selters) kommt von Ello, Giershausen (Diez) von Giro; Pleckhausen (Horh.), 1727 Bleckhausen von Blicco; Untershausen (Montab.) wohl von Hund-hart. Bruchhausen, jetzt nur noch eine Mühle bei Diez, 1552 als Dorf genannt, erklärt sich wie oben. Zu Grenzhausen, 1346 Grundeshusen, vgl. oben Grenzau. Horhausen, 1371 Harhuessen, ein zweites Horhausen (Diez) und Horessen (Mont.), 1200 Orusin, gehen auf Hor = sumpf, schmutz zurück. Sessenhausen (Selt.), 1376 Sassinhus und Sessenhausen (Asbach) ist aus Sachsenhausen entstanden und deutet wie Sessenbach auf Gründung durch Sachsen, wohl in Karls des Grossen Zeiten. Selbstverständlich sind Rindhausen (Asbach) und Thalhausen (Anhausen); Stockhausen sind einige Häuser „in den Stöcken" d. h. im jungen Walde. Schwer zu erklären ist Funkenhausen (Neustadt). Stark verstümmelt ist Kausen; es heisst 1376

nahm man missverständlich das „In" als Präposition und liess es
weg. So entstand der Name Kausen; Inicho ist dialektische Form
von Iugo.

Ganz jung sind die beiden sich gegenüberliegenden Örtchen
**Wiedischhausen** (Dierdorf) und **Trierischhausen** (Selters);
ferner **Neuhäusel** (Mont.).

6. genetivische Namen mit zu ergänzendem Stammwort.

Nur drei Namen finden wir in userm Gau, welche aus dem
Genetiv eines Mannsnamens bestehen, bei welchem ein -hof oder
-hausen zu ergänzen ist. Anderwärts sind sie häufiger. Es sind:
**Elles** (Asbach) = Elloshof; **Rahms** (Neustadt) = Rabanshof und
**Wirges** (Mont.). Dies heisst 959 Widhergis = Wid-her-igos-hof.
Im Jahre 1371 erscheint der Name in der entstellten Form
„Widdergeiss"! Vielleicht gehört hierher auch der Name **Übersehns** (Asbach), den ich aber nicht weiter zu erklären vermag.

---

### 7.

# Ripuarier oder Chatten?

Werfen wir einen Rückblick auf die Namen dieser Zeit, so beweist uns das Überwiegen der Namen auf -seifen, -au, -born, -bach,
-berg, -scheid, -feld, -hof, -hausen, -dorf zwar unwidersprechlich,
dass die Einwanderer fränkischen Stammes waren, können wir
jedoch noch weitere Schlüsse daraus ziehen und lernen, welcher
der drei grossen Abteilungen der Franken dieselben angehörten,
den Saliern, den Ripuariern oder den Chatten? Ausgeschlossen
sind die Salier. Da vielmehr der nördlich vom Engersgau gelegene
Auelgau ohne Streit ripuarisch ist, und ebenso unzweifelhaft von
der Lahn südwärts Chatten wohnen, so spitzt sich die Frage dahin
zu: ist unser Gau von ripuarischen Franken oder von Chatten
bevölkert worden?

Arnold hat in seinem Buche: Ansiedlungen und Wanderungen
deutscher Stämme S. 182 und folgd. behauptet, die Namengebung
unserer Gegend stimme mit der hessischen überein. Er weist
darauf hin, dass Namen wie Wambach, Lehrbach, Dreis, Rossbach
Hausen, Puderbach, Rodenbach, Urbach, Thalhausen, Krumbach,
Asbach, Breitscheid, Steinebach, Dasbach, Buchenau, Breitbach.
Fockenbach, Melsbach, Heimbach, ferner Zusammensetzungen mit
Birken-, Eichen-, mit Brem-, Sohl-, Lohr-, ebenso in Hessen sich
finden, wie bei uns. Er schliesst daraus, dass die Chatten bei
ihrer Wanderung das Siegthal herabkamen und aus demselben ins
Wiedthal herübergestiegen seien. Demnach wäre also die Bevölkerung des Engersgaues chattisch.

Nun finde ich aber im Bergischen, d. h. in unbestreitbar
ripuarischem Gebiet: Bergisch-Gladbach unserm Gladbach entsprechend: Neschen, östlich von der oberen Dhün, gleich unserm

Neschen (Neustadt); Scheuren, dicht bei Neschen, gleich Scheuren
(Unkel); Dierdorf, südlich von Wipperfürth, gleich unserm Dierdorf:
Steinbach, nördlich von Lindlar, gleich unserm Steinebach (Selters
und Horhausen); Breidenbach ebenda und Breitenbach an der
Bröhl unserm Wald-, Nieder- und Rheinbreitbach entsprechend;
Hufe an der Sulz gleich unserm Huf (Horhausen); Heide bei
Herkenrath gleich Heide (Asbach); Broich ebenda gleich Bruch
(Horh.); Linde ebenda gleich Linden (Selt.); Höfe bei Gladbach
gleich Hof (Asbach); Heister an der Wahn gleich Heister (Unkel);
Happerschoss, Bemschoss, Braschoss an der Bröhl entsprechend
unserm Vettelschoss (Neustadt); Rothenbach ebenda entsprechend
unsern beiden Rodenbach; Honscheid, zweimal nördlich von Eitorf,
gleich Homscheid (Neustadt); Hombach ebenda gleich Hombach
(Neustadt); Hohn ebenda gleich Hohn (Asbach); Urbach nördlich
von Wahn gleich Urbach (Puderbach); Hochscheid an der Dhün
gleich Hochscheid (Neuerburg); Birken nördlich von Wipperfürth,
gleich Birken (Asbach); Erlen ebenda gleich Erl (Linz); Buchholz,
südlich Wipperfürth, gleich Buchholz (Asbach); Löhe bei Drabenderhöhe gleich Löhe (Asbach); Drabenderhöhe entsprechend unserm
Gierenderhöhe. Könnte ich da nicht mit demselben Rechte auf
Einwanderung von ripuarischen Franken schliessen?

Vielmehr mit demselben Unrecht. Es zeigt sich, dass diese
Namengebung eine allgemein fränkische, Ripuariern und Chatten
gemeinsame ist, dass also aus dem wiederholten Vorkommen einer
Reihe von Namen sich kein Schluss auf ripuarische oder chattische
Einwanderung machen lässt.

Dagegen möchte ich die Aufmerksamkeit auf einen andern
Punkt lenken. Von den 42 Orten auf -scheid liegen 32 in einer
kompakten Masse an der mittlern Wied nebeneinander in den
Bürgermeistereien Asbach (11), Neuerburg (10), Neustadt (6),
Linz, Anhausen und Heddesdorf (5); die übrigen 10 liegen zerstreut und vereinzelt weiter im Osten. Nun findet jene massen-
hafte Anhäufung von Orten auf -scheid ihre Fortsetzung über die
untere Sieg hinweg nach dem Bröhl- und Aggerthal bis zur
Wupper und Ruhr. Die ganze Höhe, welche den Rhein auf der
rechten Seite begleitet, ist in einem nicht sehr breiten, aber langen
Streifen von der Wied bis zur Ruhr mit einem dichten Zuge von
Orten auf -scheid besetzt. Südlich von der Wied löst sich plötz-
lich die Dichtigkeit und nur vereinzelt oder in kleinen Gruppen
taucht noch unter den vielen -hausen, -berg, -bach u. s. w. einmal
-scheid auf. Man kann also behaupten: zwischen Ruhr und Wied
siedelte ein Stamm sich an, welcher mit Vorliebe die Höhen
zwischen zwei Thälern -scheid benannte; südlich der Wied dagegen
ein anderer Stamm, dem zwar das Wort nicht fremd war, der aber
keine Vorliebe dafür hatte. In der That zeigt heute das ganze
Hessenland 5 Namen auf -scheid, dazu noch 14 ältere, nicht mehr
vorhandene; in Nassau kommt es etliche dreissigmal vor. Zwischen

Darnach wage ich zu vermuten, dass der kleinere nord-
westliche Streifen unseres Gaues von denselben Franken besiedelt
wurde, die auch das untere Sieg-, das Agger-, Bröhl- und untere
Wupper- und Ruhrthal besetzt haben, d. h. von Ripuariern. Der
grössere, östliche Teil von der Wied bis zur Lahn dagegen mag
von einem Gemisch von Ripuariern und Chatten bewohnt sein.
Zur Bestätigung dieser Vermutung möchte ich auch den
Dialekt heranziehen.

Nimmt man als Kennzeichen des mittelfränkischen oder
ripuarischen Dialektes das unverschobene t in „dat", „wat" und
„et" an, so wird im ganzen Engersgau und darüber hinaus noch
ripuarisch gesprochen. Die Grenze läuft an der Lahn hinauf bis
unterhalb Diez mit unserer Gaugrenze; dann aber quer durch den
Westerwald nach dem Ederkopf. Jedoch zeigen die drei südöstlichen Dialekte, nämlich das Siegerländische, Westerwäldische und
Saynische deutliche Spuren der Beeinflussung durch das benachbarte
Chattische.

Besonders erkennt man das an der Aussprache des „g" im
Anlaut. Dem Ripuarischen eigen ist, dies „g" als spirans wie
„j" zu sprechen, also: „jejend, jut, jauner" u. s. w.; die Chatten
dagegen sprechen das g als media, ja sogar recht hart, so dass
im Nassauischen „gesagt" klingt, wie „xagt". Der Siegerländer
und Westerwälder Dialekt haben nun diese Eigentümlichkeit des
Ripuarischen verloren; in ihnen klingt g wie im Chattischen hart.
Auch der Saynische Dialekt hat im Anlaut hartes g; nur in der
Vorsatzsilbe „ge" bewahrt er das ripuarische j; also wohl „gejend",
aber „j e g e w e" = gegeben; „gihn" = gehen, aber „jegange" = gegangen. In unserm Gau wird nun im östlichen Teil, etwa zwischen
Saynbach und Lahn westerwäldisch, im grössten Teil desselben
aber saynisch gesprochen, welcher Dialekt sich auch nördlich über
die Sieg in dem ehemaligen Sayn-Altenkirchenschen bis an die
Grenze des oberbergischen Dialektes erstreckt. Derselbe findet
aber seine Westgrenze an einer Linie, welche in Irlich am Rheine
beginnt, bei Nieder-Breitbach die Wied überschreitet, sie abermals
bei Neustadt erreicht und sich dann nach Nordost bis zur Grenze
des Bergischen fortsetzt. Westlich von dieser Linie wird g nur
noch in wenigen Wörtern vor o und u wie g gesprochen, sonst
im Anlaut durchweg wie j; auch ist der Vocalismus und der
Tonfall des Satzes so verschieden, dass beispielsweise der Dialekt-
unterschied von Irlich und Heddesdorf auch einem Laien sofort
ins Ohr schlägt.

Nun fällt aber diese Linie fast genau zusammen mit der
Grenze der kompakten Masse der Ortsnamen auf -scheid. Das
kann schwerlich Zufall sein. Und so wiederhole ich jetzt mit mehr
Zuversicht die Vermutung, dass sich im Nordwesten unseres Gaues
reine Ripuarier, im grösseren südöstlichen Teile aber Chatten und
Ripuarier gemischt angesiedelt haben mögen.

# 8.
# Die geographische Verteilung der Ansiedlungen.

Trägt man die unter A genannten älteren Namen mit Ausschluss derer, welche keine menschliche Ansiedlungen, sondern Berge oder Bäche bezeichnen, in eine Karte des Engersgaues ein, so findet man, dass sie sehr ungleich verteilt sind. Die grösste Dichtigkeit findet sich an zwei von einander durch ein ziemlich leeres Gebiet getrennten Stellen: ein umfangreiches, sehr dicht mit jenen alten Namen besetztes Gebiet liegt im Nordwesten des Gaues und füllt die Ämter Asbach, Neustadt, Neuerburg und Linz aus; ein kleineres liegt am mittleren und oberen Saynbach in den Ämtern Selters und Montabaur. Diese beiden Gruppen enthalten zusammen etwa 70 °/₀ aller alten Namen; auf alle übrigen Teile des Gaues fallen also nur etwa 30 °/₀.

Ein ganz andres Bild ergiebt sich, wenn man die unter B. und C. genannten, durchschnittlich jüngeren Namen in eine Karte einträgt; dieselben sind ziemlich gleichmässig verteilt; nur die Gegend auf den Höhen am untern Holzbach, die Ämter Nieder-Wambach und Puderbach gehen fast leer aus. Die Gegenden grösster Dichtigkeit der alten Namen zeigen ein minus an jüngeren: in Asbach kommen auf 53 ältere nur 12 jüngere, in Neustadt ist das Verhältnis 32 : 10, in Neuerburg 24 : 6, in Linz 15 : 7, in Montabaur 13 : 10, in Selters 20 : 12. Dagegen die meisten Gegenden, die nur dünn mit älteren Namen besetzt sind, zeigen eine Zunahme: in Coblenz kommen auf nur 6 ältere 12 jüngere, in Heddesdorf ist das Verhältnis 8 : 11, in Dierdorf 4 : 8, in Horhausen 4 : 7, in Anhausen 5 : 6, in Leutesdorf 4 : 5.

Fassen wir das Ergebnis zusammen, so finden wir folgende vier beachtenswerte Thatsachen:

1) Die Ämter Nieder-Wambach und Puderbach sind weder in älterer noch in jüngerer Zeit (im 4—8 Jhd.) stark besiedelt worden.

2) Die beiden Gruppen: a) Asbach, Neustadt, Neuerburg, Linz einerseits und b) Montabaur, Selters andererseits sind in älterer Zeit dicht bis sehr dicht, in jüngerer weniger dicht besiedelt worden.

3) Die übrigen Gegenden, besonders die Hochebene zwischen Wied und Holzbach, das heisst die Ämter Anhausen, Horhausen, Dierdorf, ferner die angrenzenden nach dem Rheine gelegenen Striche Leutesdorf, Heddesdorf, Coblenz sind in älterer Zeit dünner, in späterer dichter besiedelt worden.

4) Im ganzen behaupten jene beiden Gruppen, die dicht mit alten Ansiedlungen besetzt sind, in der Zahl der bewohnten Orte ein bedeutendes Übergewicht über alle andern Teile des Gaues; dagegen zeigen die letzteren zwar wenigere, aber grössere, ge-

Diese Verteilung der Ansiedlungen ist auffallend; sie fordert eine Erklärung. Bei dem wenig umfangreichen Material der Untersuchung ist es vielleicht kühn eine solche zu versuchen. Wenn ich es trotzdem wage, so weiss ich sehr wohl, dass ich nur eine Hypothese aufstelle. Mag ihr von solchen, die eine bessere Erklärung wissen, widersprochen werden.

Folgender Hergang würde die sonderbare Verteilung der fränkischen Ansiedlungen in unserm Gau vielleicht erklären: Die Ripuarier kamen von der Sieg, die Chatten von der Lahn her. In einer gewissen Entfernung vor dem römischen Grenzwall stauten sie sich auf; auch nach der Erstürmung desselben galt doch das Land bis zum Rheine als unsicherer Besitz. So kam es, dass die meisten Ansiedlungen an der mittleren Wied und am Saynbach stattfanden, das Land gegen den Rhein hin aber nur spärlich besiedelt wurde. Die Siedelungen waren in dieser Zeit allenthalben meist einzelne Höfe. Die kalten und unfruchtbaren mit dichtem Walde bewachsenen Höhen am unteren Holzbach wurden möglichst vermieden.

Erst als die Franken den Rhein überschritten und in dichten Scharen sich jenseits festsetzten, wurde auch das Gelände am Rhein völlig sicher; es wurde nunmehr, wohl von Ripuariern und Chatten gemeinsam im grossen besiedelt; es wurden grössere, geschlossene Dörfer gegründet mit umfangreicheren Fluren. Natürlich blieb ihre Zahl hinter den älteren, kleineren Ansiedlungen zurück. Die kalten Höhen um Nieder-Wambach und Puderbach erhielten in dieser Zeit keine, die schon dichter besiedelten Gegenden ebenfalls nur eine mässige Anzahl neuer Dörfer.

---

9.

# Der innere Ausbau im 9—12. Jhd.

Seit dem 8. Jhd. beginnt bei den deutschen Stämmen, erst langsamer, dann immer schneller der Ackerbau sich auszubreiten. Die Zunahme der Bevölkerung zwang neues Land unter den Pflug zu nehmen. Wald war noch immer in Hülle und Fülle vorhanden. In ihn hinein rodeten im 10., 11. und 12. Jhd. die deutschen Bauern, mehr aber noch die Äbte, dann die Bischöfe, später auch die weltlichen Fürsten und Herren, um in den neuen Dörfern ihre Hörigen und Zinsleute unterzubringen.

1. Diese neuen Dörfer sind kenntlich an den Endungen

kann. Eine Besitzung, welche in sieben Tagen bestellt werden konnte, heisst demnach Siebenmorgen. Harmorgen ist dagegen zusammengesetzt mit „hara" die Höhe. „Schoss" heisst soviel als Thalsenkung: hierher gehört: **Vettelschoss** (Neustadt), dessen ersten Bestandteil ich nicht deuten kann; Namen auf -schoss scheinen ripuarisch, sie finden sich noch an der Bröhl und an der Ahr (Maischoss). Mit -thal ist zusammengesetzt: **Sauerthal**, eine Vorstadt von Montabaur, **Reckenthal** (Mont.), **Fernthal** (Neustadt), **Rengeresdal** (Anhausen), **Lichtenthal** (Nieder-Wambach), **Lampenthal** (Leutesdorf). Von diesen heisst Sauerthal wohl nach dem sauren Grase, wie Sauerwiese; Fernthal nach Farn, dem Farnkraut; Lichtenthal vom lichten Walde; die andern dürften im ersten Teil einen Eigennamen, den des Besitzers haben. Sicher ist das der Fall bei Rengeresdal, das in einer Urkunde aus dem 9. Jhd. neben Rengeresdorf erwähnt wird (Raginger). Mit -statt oder -stadt ist nur **Neustadt** zusammengesetzt: 1261 Nuestadt; -stadt bedeutet nur soviel als stätte und erscheint bei den Allemannen im Dat. Plur. als -stetten, bei den Franken im Nominat. Sing. als stadt oder statt.

Weiter gehören in diese Zeit aber auch Ortsnamen wie **Vogtslag** (Neust.); -lag ist eine tiefe Stelle, und der Vogt ist der weltliche Gerichtsherr einer geistlichen Besitzung. **Hargarten** (Linz), 1312 Hargardin; -garten ist ein eingezäunter bebauter Acker, und Hara heisst Höhe; die Lage des Ortes erklärt den Namen; es liegt dicht unter der Kuppe des Hummelsberges. **Beuelseck**, eine Flurname bei Urbach; -eck meint hier wohl ein spitz in andres Eigentum hineinragendes Ackertück; **Filsheck** (Unkel) gehört zu Hecke; auch **Graben** (Asbach), **Kaltehöhe** (Asbach) und die Bergnamen **Gierenderhöhe** (Anhausen), **Montabaurer Höhe** und **Hofhöhe** (Mont.) gehören hierher.

2. Viel zahlreicher und recht eigentlich kennzeichnend für diesen Zeitraum sind die Ortsnamen auf -roth und -hagen.

-roth, auch rode und jünger besonders rheinabwärts -rath, bei uns auch gekürzt in -ert und einmal in -ort bedeutet eine Rodung im Walde. So findet sich ein **Rott** (Neustadt) und ein **Rotherhof**, 1326 Hoyf zuo Rode (Dierdorf). Weitaus die meisten sind aber zusammengesetzt mit dem Eigennamen des gräflichen oder geistlichen Herrn, der die Rodung angelegt hat. So **Adenrod** (Selters) angelegt von Ado: **Denzerrod** (Montab.) jetzt der

(Leutesdorf), 1727 Jörgenroth, von Georg; **Frorath** (Neuerburg) von Fro; **Reifert** (Neuerb.) von Reifo; **Dendert** (N.-Wambach) von Dendo; **Hahnroth** (N.-Wambach) von Hagano; **Hilgert** (N.-Wambach), 1376 Hilgerode, von Hildiko; **Neizert** (N.-Wambach) von Neizo; **Ratzert** (N.-Wambach) von Razo; **Richert** (N.-Wambach) von Richo; **Udert** (N.-Wambach) von Udo; **Weroth** (N.-Wambach), 1395 Weenrode, 1376 Wergerode, von Weriko; **Woldert** (N.-Wambach) von Waldo; **Wilgert** (N.-Wambach) von Wildiko; **Manroth** (Neustadt) von Manno; **Hardert** (Anhausen), 9. Jhd. Hasigeresrot, wohl verschrieben für Hartgeresrot, von Hartger; **Lautzert** (N.-Wambach) von Luzzo; **Wahlrod** (Hachenburg), 1289 Walderode, von Waldo; **Willroth** (Horh.) von Willo: **Winterod** (Selt.) von Winid-hari, Winther; **Epgert** (Horh.) von Eppiko; **Goddert** (Selt.) von Godo; **Hilgert** (Selt.), 1425 Hylgerrayt, wohl von Hildger; **Wittgert** (Selt.) von Wittiko; auch in **Berod** (Hachenburg), in Borod (Hachenburg) und in **Marod** (Selters) wird ein Eigenname stecken. Nur in **Nauort** (Selters), 1321 Nuvenrode, haben wir es mit einer „neuen" Rodung im Gegensatz zu einer alten zu thun. Unbestimmt bleibt **Luchert** (Horhausen).

Die andre dieser Zeit eigentümliche Endung ist -hagen, zusammengezogen auch -hahn, -hain, -hein, -hähn. Es bedeutet ursprünglich ein eingehegtes, dadurch als Eigentum bezeichnetes Stück Land, meist Wald, das später gerodet werden sollte. So finden wir nach den Eigenschaften des -hagen benannt: **Windhagen**, (Ober- und Nieder-, (Asbach), 1261 Winthain; ferner **Rauenhahn** (Asbach); **Ginsterhahn** (Linz); **Eberhan** (Mont.); **auf dem rothen Hahnen** (Cobl.), Wirtshaus in Arenberg, hat aber vielleicht seinen Namen von einem „roten Hahn" als Wirtshausschild; **Marhähn** (Horhausen), vielleicht von marh = pferd? **Kirchhain** (Diez); nach dem Besitzer heissen: **Köhlershahn** (Asbach); **Gerhardshahn** (Neustadt); **Fritzenhahn** (Monrepos), jetzt Meinhof; **Schmidthahn** (Selters), früher Oberhaen; **Siershahn** (Montabaur), 1200 Sigarshagen; **Winandshain** (Mont.), 1235 Winegoldishagen; auch in **Schimmelshahn** (Neuerbg.), alt Scindalasheim, wohl für Scindalashein, in **Hammelshahn** (Asbach), in **Mettelshahn** (Neustadt) und **Seidenhahn** (Neuerbg.) steckt wohl der Genetiv eines Eigennamens. Zweifelhaft bleibt **Gersthahn** (Neuerburg). Allein erscheint das Wort in **Hähnen** am Mahlbergskopf (Linz) und in **Hähnchen**, einem Berge bei Nassau, wo sich auch ein **Hahnenkopf** findet.

Diese Orte auf -rode, -hagen, -thal, -höhe, -acker u. s. w., es sind einige 80, liegen, wie zu erwarten, grösstenteils in höher gelegenen Waldungen.

Die Ämter Neuerburg (8), Neustadt (7), N.-Wambach (12), Asbach (10) und Selters (10), Montabaur (11) enthalten 58 Orte, wobei besonders hervorzuheben ist, dass das Maximum (12) auf

Besiedelung besonders wenige Liebhabei gefunden hatte. Puderbach geht auch diesmal leer aus und bleibt so der am schlechtesten
besiedelte Bezirk des ganzen Gaus. Aber auch auf die näher nach
dem Rheine zu gelegenen Ämter fallen in dieser Zeit nur wenige
Gründungen: auf Engers 1, auf Leutesdorf 2, auf Unkel 1, auf
Heddesdorf 2, auf Coblenz 1, auch auf Anhausen nur 3, auf Dierdorf 2. Hier waren Feld und Mark (d. h. ursprünglich Wald),
offenbar unter die Gemeinden verteilt und kein herrenloser Wald
mehr zum Roden frei.

---

## 10.

# Die Zeit der Burgen, Klöster
# und Mühlen.

Befestigte. d. h. durch Erdwerke und Holz zur Verteidigung
eingerichtete Plätze hat es gewiss seit uralter Zeit gegeben. Ein
solcher Platz heisst althochdeutsch „burg“, gotisch „baurgs“; das
älteste Zeugnis für das Wort findet sich in dem „Teutoburgiensis
saltus“ in des Tacitus Annalen und in dem Orte „Asciburgium“
in dessen Germania (es ist das heutige Asburg am Niederrhein).
Das Wort kommt von derselben Wurzel, wie das Verbum bergen,
und bedeutet also einen Ort zum Bergen von Vieh, Schätzen und
Menschen in Kriegsnot. Später in der Karolingerzeit und ganz
besonders in der Zeit der Ottonen, also im 10. Jhd., versteht man
darunter befestigte Städte, welche ein „Burggraf“ als „Platz-
kommandant“ befehligt und welche die „Burgaere“ als Soldaten
verteidigen. Seit Heinrich I. mehrten sich dergleichen „Burgen“ =
befestigte Städte auch in Sachsen und im östlichen Deutschland,
an Elbe und Saale, während sie früher auf den Westen beschränkt
waren. In der Zeit der fränkischen Kaiser, also im 11. Jhd.,
vollzieht sich eine Wandlung in der Bedeutung des Wortes. Zuerst an den Grenzen, in Brabant gegen die Normannen, im Osten
gegen die Slawen, dann seit dem grossen Bürgerkrieg unter
Heinrich IV. auch im Innern gegen innere Feinde, legte man an
geeigneten Punkten auf Berghöhen oder in Sumpf und Wasser
kleine, leicht zu verteidigende Festen an, als Stützpunkt für
kriegerische Unternehmungen. So bedeckte am Ende des 11. Jhd.
König Heinrich IV. die Umgebung des Harzes bis zur Saale mit
Burgen und legte seine schwäbischen Dienstmannen hinein; so
baute Friedrich von Staufen, Kaiser Konrad III. Bruder, im Kampfe
mit Lothar auf den Anhöhen des Wasgaus nach dem Rheine hin
zahlreiche Burgen. Als dann die Hohenstaufen den Kaiserthron
bestiegen und unter ihnen die ritterlichen Ministerialen der mächtigste
Stand in Deutschland wurden, da begann das goldne Zeitalter des

der neu errichteten Burgen rasch. Diese Burgen sind die für die
damaligen Waffen uneinnehmbaren, festen Punkte, durch welche
der Adel, vor allen die Kaiser selbst, aber auch die geistlichen
und weltlichen Fürsten ihre Herrschaft gegen alle Angriffe zu
sichern suchten. Die Verteidigung der Burg fällt den ritterlichen
Dienstleuten zu, welche dafür die Burg mit ihrem Gelände und
ihren Einkünften zu Lehen tragen.

In unserm Gau ist wohl die älteste Burganlage eine Reichs-
burg: der Hammerstein, auf einem schroff aus dem Rhein auf-
steigenden, klotzigen Gebirgsblock unterhalb Leutesdorf, seit 1020
häufig erwähnt mit sehr interessanter Geschichte. Der durch seine
Gestalt auffallende Berg hiess vielleicht schon Hammerstein, ehe
eine Burg ihn krönte. Sollte hier nicht ein altes Donarheiligtum,
dem etwas abwärts auf dem andern Ufer gelegenen Wodanheiligtum
Godesberg entsprechend, gewesen sein und der Berg vom Hammer
Donars den Namen haben? Dann würde die Schwierigkeit wegfallen,
welche darin liegt, dass im allgemeinen die Burgnamen auf -stein
und -fels jüngeren Datums sind, weil sie auf Steinbau deuten,
während wir bei den älteren an Holzbau zu denken haben.

Ausser dem Kaiser haben sodann eine Reihe mächtiger
Dynastengeschlechter, die seit dem 11. Jhd. aufkamen, in unserm
Gau ihre Burgen errichtet. Es sind das die Grafen von Wied,
von Isenburg, von Sayn, von Nassau und die Erzbischöfe von
Trier. Dazu kommen mehrere kleinere selbständige Geschlechter.

Die Grafen von Wied stammen wahrscheinlich von den
Ardennergrafen ab und besassen am Ende des 11. Jhd. ein be-
trächtliches Stück Land links und rechts vom Rhein. Das Gebiet
links vom Rhein wurde gedeckt durch die Burgen Bassenheim,
Kempenich und Olbrück; das rechtsrheinische durch das castrum
„Wiede", 1093 erwähnt, das heutige Altwied. Es hat seinen
Namen von dem Bach, an dem es liegt und dessen Thal es völlig
sperrt. Eine andre Feste der Grafen von Wied war Rommersdorf, 1107 als Residenz derselben erwähnt. Später finden wir
auch die Neuerburg im Fockenbachthal im Besitz dieses Ge-
schlechts. Dieselbe war vorher in der Hand eigener Herren und
verrät durch ihre Anlage ein sehr hohes Alter; sie heisst 1261
Nuwirburch; der Name bedeutet: neuere Burg im Gegensatz zu
einer noch älteren vielleicht aus Holz hergestellten. Erst spät
(im 13. Jhd.) wurde der Hof Altenwied, der 1180 im Besitz
Heinrich des Löwen war, befestigt (das obere Altenwied), aber
bald durch die Gräfin Mechthild an Köln gegeben. Auch Waldbreitbach, im Mittelalter „Grafenbreitbach", hatte eine jetzt verschwundene Burg.

Etwa in derselben Zeit, wie die alten Grafen von Wied,
tauchen auch die Isenburger Grafen auf: 1096 wird zuerst die
Isenburg genannt; auch sie hat ihren Namen von dem Bache,
an dem sie liegt, dem Iserbach. Das Geschlecht, das auf ihr

von Isenburg erbaute 1200 die Burg **Grenzau**; etwa in derselben Zeit Bruno von Isenburg die **Braunsburg**, 1210 Brunesberch genannt. Heinrich der Jüngere von Isenburg erbaute etwa 1250 **Arenfels**; er nannte es so nach seiner Gemahlin, einer Gräfin von Are (Altenahr). Den Isenburgern gehörte später auch die Burg **Herschbach** (Selters); 1248 Herispach genannt und damals im Besitz der Gräfin Mechthild von Sayn. Sie heisst nach dem Bache, der 1062 „Haderigesbach", also Bach des Had-heriko genannt wird. Lehnsleute der Isenburger waren auch die Ritter von **Steinebach** (Selt.), das 1273 erwähnt wird.

Die Isenburg-Braunsberger Linie erbte später die Besitzungen der alten Grafen von Wied und nannte sich fortan Isenburg-Wied. Ein Wilhelm von Isenburg-Wied erbaute 1340 die kleine Burg **Rorbruch** an den Dreifelder Weihern: „uff dem Bruche zu Drivelden". Sie soll versunken sein.

Die Burg **Sayn** wird 1112 erwähnt; auch sie heisst nach dem Bache, an dem sie liegt; die Besitzungen der Sayner liegen meist im Auelgau (an der Sieg), woher sie auch zu stammen scheinen.

**Kurtrier** finden wir im Besitz der stolzen Feste **Ehrenbreitstein**; es wird 1019 zuerst erwähnt als „Erembrechtstein", also Burg des Erinbert. An derselben erbaute im 12. Jhd. der Erzbischof Hillin von Trier eine kleine selbständige Burg und nannte sie Hillinstein, woraus dann „**Helfenstein**" wurde; später eine Bastion des Ehrenbreitstein. 1217 erbaute Dietrich von Trier die Burg **Montabaur**, so genannt nach dem Berge Tabor im gelobten Lande: Mons Tabor. Der viel ältere Ort hiess früher nach dem Bache, an dem er liegt, **Humbach**. Von der Gräfin Mechthild von Sayn erhielt Trier 1248 die Burg **Hartenfels** (Selters), damals „Hardenviels" genannt. Burgmannen von Montabaur waren auch die Ritter von **Dernbach** (Mont.).

Die Stammburg der **Nassauer** ist die **Laurenburg** (Diez), 1076 von Dudo III. erbaut: der Name gehört zu „lauern" = aufpassen, Umschau halten. In dem alten von Kelten gegründeten Nassau hatte Karl der Grosse eine Königl. Villa, wo er einkehrte, wenn er im „Spurkenwalde" (Mont. Höhe) jagte. Gegenüber am linken Lahnufer gründeten die Laurenburger um 1100 zum grossen Ärger von Kurtrier ihre **Burg Nassau** und breiteten sich von da weiter aus.

Eigene Rittergeschlechter sassen auf **Langenau** (Nassau), 1247 Langenawe genannt; auf **Ockenfels**, 1136 erwähnt, genannt wohl nach einem Ocko = Odiko, der sie gründete; auf **Renneberg**, erwähnt 1217; unter Wiedischer, dann Kurkölnischer Lehnshoheit, 1270 Renninberg, jetzt Alt- und Neu-Renneberg, Schloss und Hof bei Linz, genannt wohl von Renno = Regino; auf **Ehrenstein** (Asbach), an der oberen Wied, erst 1430 erwähnt, genannt wohl von Erino; auf **Reichenstein** (Puderbach) am Holzbach, 1341 erwähnt als Richenstein, von Richo; auf der **Sporkenburg** (Mont.),

1309 an Kurtrier. Endlich stand auch in **Vallendar** eine Burg, welche 1167 erwähnt wird, jetzt verfallen, dem Kloster Schönstätt gegenüber; in **Weitersburg** war 1400 ein Raubnest und **Altenburg**, zwischen Neustadt und Flammersfeld, scheint ebenfalls auf einen ehemals befestigten Platz hinzudeuten.

Aber das zwölfte Jahrhundert ist nicht bloss das Jahrhundert der Ritter und Burgen, sondern auch der Mönche und Klöster. Die religiöse Bewegung und Erregung der Zeit fand nicht bloss in den Kreuzzügen einen überwältigenden Ausdruck, sondern auch in dem grossartigen Aufschwung des Klosterwesens. Seit Robert im Jahre 1098 das Kloster Citeaux, seit Norbert 1119 Premontré gegründet hatten, ergossen sich die Schaaren der Cisterzienser und Prämonstratenser wie ein immer höher steigender Strom über Deutschland. Die alten Benediktiner-Klöster wurden reformiert und mit neuen Mönchen besetzt. So geschah es mit **Rommersdorf**. Das alte Dorf war erst eine Feste der Grafen von Wied, dann 1114 eine Benediktiner-Abtei, die von Schaffhausen aus besetzt wurde; 1135 kamen Prämonstratenser aus Floreffe bei Namur und gründeten die Prämonstratenser-Abtei Rommersdorf. So wurde **Wülfersberg**, erst ein Hof, 1140 ein Prämonstratenser-Nonnenkloster, erst selbständig, dann zu Rommersdorf gehörig; jetzt nur eine kleine verlassene Kapelle oberhalb Gladbach; der Name kommt von Wulf - heri. So war St. **Catharinen** (Linz) ein älteres Nonnenstift, 1201 verbrannt und wurde 1208 als Cisterzienserinnenkloster von den Herren von Renneberg neu gestiftet. So wurde **Schönstatt** bei Vallendar 1143 von Lonnich aus von Augustiner-Schwestern gestiftet. So ist 1201 das Prämonstratenser-Kloster **Sayn** gestiftet. 1204 wurde das Augustinerinnen-Kloster **Besselich** (Cobl.) geweiht, dessen Namen ich nicht zu erklären weiss. Aus späterer Zeit stammt das Kreuzherrenstift **Ehrenstein** (Asbach), 1477 gebaut.

Ausser den Klöstern gehören hierher auch einzelne Kirchen und fromme Stiftungen. Allerdings **Helferskirchen** (Selters) soll schon 930 von einem Helperich erbaut sein; aber die **Feldkirche** wird zuerst 1125 erwähnt und die **Johanniskirche** bei Niederlahnstein ist 1148 gebaut. Aus dieser Zeit stammt wohl auch der **Münchhof** (Leutesdorf), den Mönchen von Sayn gehörig, daher auch „Sion" genannt („Sayn" im Mönchstil „Sion"). Aus unbestimmter Zeit stammt **Marienhausen** (Selters), auch **Mergenthausen** genannt; und die Kapelle **Allerheiligenberg** bei Niederlahnstein. Ganz jung und nur der Vollständigkeit wegen hier zu erwähnen ist das 1703 erbaute **Marienhaus** bei Waldbreitbach, wo Franziskanerinnen wirken, der **Marienhof** (Neuerburg) und Ortsbezeichnungen wie **Rothekreuz** (Linz) und **Kreuzchen** (Neustadt). Wann mag die **Kreuzkirche**, jetzt Ruine bei Melsbach, gebaut sein?

Zu erwähnen bleibt noch, dass in **Waldbreitbach** auch eine

Dorf **Winden** (Nassau) seinen Namen wendischen Hörigen verdankt, welche im 11. und 12. Jhd. vielfach gerade auf kirchlichen Besitzungen zwangsweise angesiedelt wurden.

So sehen wir, dass auch unser Gau im 12. und 13. Jhd. mit Burgen (26!), und mit Klöstern und frommen Stiftungen reich gesegnet wurde. Aber das Culturbild dieser Zeit würde unvollständig sein, wollten wir eine Art von Anlagen übergehen, welche den durch das Burg- und Klosterwesen herbeigeführten Fortschritt am anschaulichsten verdeutlicht. Ich meine die Anlage von Wassermühlen.

Bis gegen das Jahr 1000 behalf man sich mit Handmühlen, welche die Mägde in jeder Wirtschaft drehten. Das Zusammenwohnen vieler Menschen im Kloster und die Ansammlung grösserer Schaaren von Gefolgsleuten auf den Burgen drängte zu der Herstellung leistungsfähigerer Mühlen: so verbreiteten sich die in Italien und hier und da auch am Rhein von den Römern her längst bekannten Wassermühlen auch im innern Deutschland. Die neu angelegten Mühlen sind meist „Bannmühlen", d. h. sie hatten für einen begrenzten Umkreis das Privilegium zu mahlen. Es war das nötig, weil bei der Kostspieligkeit der Anlage, bei den damaligen Geldverhältnissen sonst nicht leicht jemand das Risiko derselben übernommen hätte. Die Mühlen liegen meist ausserhalb des Dorfes und zeigen so deutlich ihren jungen Ursprung; manchmal liegen sie auch allein; dann dienen sie mehreren Ortschaften gemeinsam.

Beispielsweise führe ich hier eine Anzahl Mühlen unseres Gaues an: die **Bennauermühle** bei Bennau; die **Buchholzermühle** bei Buchholz; die **Büschermühle** bei Büsch; die **Dammigsmühle** bei Dammig; die **Hohnermühle** bei Hohn; die **Köttingermühle** bei Köttingen; die **Wallrothermühle** bei Wallroth; die **Gersthahnsmühle** bei Gersthahn; die **Hombachsmühle** bei Hombach; die **Neschermühle** bei Neschen; die **Niederhoppenermühle** bei Niederhoppen; die **Thalhausermühle** bei Thalhausen, das 1376 genannt wird: „der hof in dem Dail under kleinen Meyscheidt". Allein liegen: die **Bachmühle** bei Hammerstein, die **Wallbachsmühle** (Linz), die **Laubachsmühle** (oberhalb Altwied), die **Fockenbachsmühle** (Neuerbg.), die **Wiedmühle** (Altenwied), die **Niedermühle** (Asbach), die **Tonnenmühle**, zwischen Segendorf und Nodhausen, 1690: die Mühle in der Tonnen (so noch jetzt als Flurname!), die **Kapaunsmühle** (Asbach), nach dem Besitzer so genannt?; endlich die **Bempermühle** (Cobl.), deren Namen ich nicht zu deuten weiss.

## 11.

# Vom 13. Jhd. bis zur Gegenwart.

1. Nach dem Jahre 1200 sind nur wenige Orte noch gegründet worden. Die Fluren waren aufgeteilt, der Wald wurde nicht weiter gerodet; die überschüssige Kraft des deutschen Bauerntums, das damals in seiner höchsten Blüte stand, fand seinen Abfluss nach den neuen Ansiedlungen jenseits der Elbe; dort setzte der deutsche Bauer seine gewohnte bis dahin in der Heimat mit so viel Erfolg gethane Arbeit fort: er rodete den Wald, nahm das Neuland unter den Pflug und gründete neue Dörfer. So wurden Mecklenburg, Pommern, Brandenburg, Teile von Preussen und Schlesien deutsche Länder. Aber noch weiter nach Osten führte der Wandertrieb damals die deutschen Bauern; sie siedelten sich in Siebenbürgen und Ungarn an. Und gerade an dieser Siedelung sind vielleicht auch Bauern aus dem Engersgau beteiligt gewesen; denn nicht aus Niederdeutschland, wie man lange durch den Sachsennamen verführt geglaubt hat, stammen die biedern Siebenbürger, sondern vom Rheine, es sind ripuarische Franken.

Seit 1300 etwa verschlechtert sich die Lage des Bauernstandes; wer kann, zieht in die Stadt und wird Bürger; Stadtluft macht frei, war ein Rechtssatz jener Zeit; der Bauer aber fiel damals aus der Hörigkeit in die Leibeigenschaft des selbst immer mehr verarmenden kleinen Adels, während alle Macht sich in der Hand einerseits des hohen Adels, nämlich des Clerus und der Fürsten, und andrerseits der Städte sammelt. Die schreckliche Not der Bauern machte sich endlich in dem Bauernaufstande des Jahres 1525 Luft. Derselbe wurde von den Fürsten in Blut ertränkt; die Lage der Bauern wurde seitdem noch schlimmer als vorher. Der 30jährige Krieg brachte dann den deutschen Bauernstand vollends an den Rand des Untergangs. Kein Wunder, wenn in dieser ganzen Zeit kein neues Bauerndorf gegründet worden ist. Ich weiss aus unserm Gau keinen einzigen Namen zu nennen, dessen Ursprung man mit einiger Wahrscheinlichkeit in die Zeit von 1300—1600 setzen könnte.

2. Als Sieger gingen aus dem entsetzlichsten aller Kriege, dem 30jährigen, weder Pabst noch Kaiser, sondern die Fürsten hervor, deren „Souveränität" im westfälischen Frieden ausdrücklich anerkannt wurde. Sie sind es auch, welche seit dem 17. Jhd. neue Orte angelegt haben: Residenzen und Lustschlösser. Jedermann kennt solche oft in eigensinniger Weise an recht ungeeigneten Stellen angelegte Fürstenstädte, welche meist zu Ehren ihres Gründers benannt sind.

Als Beispiele nenne ich „Karlsruhe", „Charlottenburg", „Ludwigshafen" oder Lustschlösser wie Fantaisie, Monbijou u. dergl., die schon durch ihren Namen das Zeitalter Louis XIV. erkennen

Auch an unserm Gau ist diese Zeit nicht spurlos vorüber-
gegangen. Jener uralte Ort an der Lahn, schon 950 „praedia
Astine" später „Esten" genannt, kam 1643 an einen Herrn namens
Holzappel und wurde seitdem so umgetauft. Im Jahre 1688
gründeten Waldenser bei Diez ein Dorf und nannten es nach
Elisabeth - Charlotte von Nassau - Schaumburg, Charlottenberg.
Friedrich von Wied erbaute an den Dreifelder Weihern, die er
grösstenteils angelegt hat, im Anfang des 17. Jhd. das Schlösschen
Seeburg, nahe dabei das Hofgut Schön-erlen; 1648 gründete
er die Stadt Neuwied am Rhein, ursprünglich Neuenwied geheissen; in demselben Jahre begann er den Bau des Schlosses
Friedrichstein bei Fahr, das aber nie vollendet worden ist.
1757 wurde das Lustschloss Monrepos, ursprünglich Mont-repos
also „Ruhberg" von Graf Alexander von Wied gebaut; 1762 wurde
bei Urbach von Joh. Ludwig Adolf von Wied-Runkel ein Jagdhaus
„Ludwigsruh" errichtet. Ganz jung ist ferner die Villa Segen-
haus, oberhalb Segendorf und der Name Meinhof für den älteren
Fritzenhahn; sowie Sayneck, Kruppsches Jagdschloss am Saynbach oberhalb Isenburg.

Aber die Fürsten haben nicht nur zu ihrem Vergnügen Villen
und Städte gebaut. Zur Herbeiführung grösserer Einkünfte schufen
die Vernünftigeren unter ihnen eine geordnete Verwaltung. Unter
ihrem Einfluss entstand eine geregelte Forstwirtschaft; davon
zeugen Namen wie Kammerforst (Selters), ein kurtrierscher Forst
im Spurkenwald; Jägerhaus bei Linz; Jägerhof bei Monrepos,
von dem nur noch der Brunnen vorhanden ist; der Forsthof
oberhalb Hammerstein; der Ort Heeg (Linz) und der Hegerhof
(Neustadt). Auf Viehzucht deutet der Ort Schafstall auf der
Grenze von Linz und Leutesdorf; auf Strassenbau weisen Namen
wie: Strass (Selters), Strassen (Asbach), Strassenhaus, früher
Karlshaus, nach dem Fürsten Karl von Wied, und Steeg (Neustadt), aber auch Zoll und Zollhaus (Dierdorf), sowie der Name
Grendel (Linz), der „Schlagbaum" bedeutet. Neueren Ursprungs
müssen auch die drei Namen Heckelchen, Scheuerchen und
Spreitchen sein, die dicht bei einander im Amte Neuerburg liegen,
doch weiss ich nichts über ihre Entstehung anzugeben.

Man sieht, wie gering die Zahl der Ortsgründungen von
1300—1800 im Vergleich mit den zahlreichen Gründungen früherer
Zeiten ist. Immer stärker wurde die Anziehungskraft der festen
Städte in den kriegerischen Zeitläuften; als vollends der 30jährige
Krieg zahlreiche Dörfer in Schutt und Asche gelegt hatte, fehlte
es den Überlebenden an Mut und Mitteln zum Wiederaufbau. Neuerdings aber sind es besonders die grossen und kleinen Industrie-
städte, welche in immer steigendem Masse eine aufsaugende
Wirkung auf die Umgegend ausüben. Unter diesen Umständen
kann man in der Neuzeit keine Neugründungen von Bauerndörfern
erwarten. Wohl aber haben die letzten 100 Jahre mit dem Auf-

änderten Charakter durch das Entstehen zahlreicher industrieller Werke aufgedrückt. Auch unser Gau ist dadurch stark modernisiert worden.

Sehr alt sind die Anfänge des Emser Blei- und Silberwerkes; denn bereits im Jahre 1158 fertigte Kaiser Friedrich I. dem Erzbischof Hillin von Trier eine Schenkungsurkunde über die Emser Silberbergwerke aus. (Festschrift zur XXVII. Hauptversammlung des Vereins deutscher Ingenieure in Coblenz 1886. S. 48). Spuren älterer Eisenindustrie sind in Flurnamen wie „auf den Eisenkaulen" (N.-Wambach) und dem Bergnamen „Eisenköppel" bei Neuhäusel zu finden. Was es für eine Bewandtnis mit Goldgrube (Neuerburg) und dem in der Nähe liegenden Goldscheid hat, habe ich nicht in Erfahrung bringen können.

In grösserm Massstabe hielt die Industrie und der Bergbau seinen Einzug in unsern Gau aber erst in der Mitte des vorigen Jahrhunderts. 1769 hat Clemens-Wenzeslaus, Kurfürst von Trier, die Sayner Hütte angelegt; an der Wied ist das älteste und bedeutendste Werk eine Schöpfung der Grafen von Wied, der Rasselstein; an der Lahn finden sich die Weinährer Hütte (Nassau), die Nievernerhütte, die Silberschmelze bei Ems, das Holzappeler Hüttenwerk und die Hohenrheiner Hütte, älter Hohrain, also am hohen Abhang gelegen, was auch zutrifft. An der Mündung des Saynbaches liegen nun die Kruppschen Mühlhofer Werke, die 1841 von Gebrüder Lossen errichtete Concordiahütte, früher „der rote Hammer", in Bendorf stand früher die Kupferhütte und die Bendorfer Hütte (Remy). Im Horhauser Bezirk finden sich: das Zechenhaus Louise, die Georgszeche, die Friedrich-Wilhelms-Zeche, und die Alte Hütte. In unmittelbarer Nähe von Neuwied senden jetzt die Germania und die Hermannshütte ihre mächtigen Rauchwolken in die Lüfte; die Wied hinauf liegt Augustenthal, die verfallene Clemenshütte und Altenhütte (Neust.). Im Linzer Bezirk stossen wir auf die Sternerhütte, den Sternerhammer, die alte Max-Friedrichshütte und Clemenslust; am Holzbach liegt die Raubacherhütte oder Hedwigstbal.

Aus jener Zeit, wo Coblenz mit Berlin durch einen optischen Telegraphen verbunden war, stammt der Name eines Hauses bei Neustadt: Telegraph; neben ihm erhob sich ehemals eine Signalstange.

Wenn ich noch hinzufüge, dass sich an geeigneten Aussichtspunkten am Rhein Villen erheben, welche den Namen ihres Besitzers tragen, wie Villa Röntgen, Villa Bender. Villa Berger u. s. w., so dürften die Namen, welche aus der jüngsten Vergangenheit stammen, erschöpft sein.

## 12.
# Rückblick und Umschau.

Werfen wir einen kurzen Rückblick auf die Ortsnamen unseres Gaues, so finden wir, dass sie nicht unwichtige Zeugen der Geschichte des Gaues sind, die man nur zum Reden zu bringen braucht, um manchen Aufschluss über wichtige Vorgänge zu erhalten, welche entweder sonst gar nicht überliefert sind, oder welche wenigstens erst durch sie ihre richtige Beleuchtung und Erläuterung erhalten. Was wüssten wir davon, dass die Kelten einst das rechte Rheinufer bewohnten, wenn die Namen der Flüsse und Orte es nicht bewiesen? In wie willkommener Weise wird der Zug des römischen Grenzgrabens durch die an ihm haftenden Namen bestätigt und erläutert! Welches Licht fällt auf die Massenansiedlung der Franken, in welche die kecken Allemannenfamilien nur in geringer Anzahl einzudringen gewagt haben! Wie deutlich tritt uns der Gang der fränkischen Ansiedlung vor Augen! Erst Hof an Hof dichter und dichter an Wied und Sayn in achtungsvoller Entfernung vom Römerwall und der Rheinlinie; dann, als der Damm durchbrochen ist, und die Völkerwelle den Rhein überflutet hat, die grossen Dörfer in der Nähe des Rheins mit ausgedehnter Gemarkung! Wie schön wird die Zeit der grossen Rodungen im 10. und 11. Jhd. uns veranschaulicht durch die zahlreichen Namen auf -roth und -ert in den grossen Waldbeständen am Holzbach! Welche Menge von Burgen schiessen im 12. und 13. Jhd. aus dem Boden, begleitet von den Gründungen der fleissigen Cisterzienser und Prämonstratenser! Wie prägt sich der Stillstand und Rückgang unserer bäuerlichen Kultur in dem gänzlichen Fehlen von Neugründungen in der Zeit von 1300—1600 aus! Dann streut die Zeit der absoluten Macht der Fürsten auch über unsern Gau ihre Residenzen und Lustschlösser, bis endlich die Neuzeit ihre Dampfschlote emporsteigen lässt. So zieht mit den Namen unseres Gaues die Kulturgeschichte der Rheinlande in ihren Hauptepochen an uns vorüber. Denn was von unserm Gaue gilt, das gilt mit wenigen Anderungen von allen mittelrheinischen Gauen. Allerdings verändert sich das Bild ein wenig, wenn man mehr südlich oder nördlich oder westlich geht. Ganz anders wird es aber nur, wenn man nach Osten zu die Grenze zwischen Franken und Sachsen überschreitet; da ist alles in der Namengebung verwandelt; es treten andre Grundworte und andre Endungen auf, die Konsonanten sind nicht verschoben, sondern auf dem Standpunkte der gotischen Sprache stehen geblieben; kurz wir sind auf stammfremdem Boden. Nach den andern Himmelsrichtungen aber treffen wir überall auf verwandten Boden. Am ähnlichsten sind unserm Gau in der Namengebung die benachbarten ripuarischen Gaue, das Land an der Sieg. Agger, Dhün, untern Wupper und auch Nassau und Hessen viel Verwandtes. Jenseits des Rheines sind die Spuren der Allemannen viel zahlreicher und zwar je weiter nach Süden, desto mehr. Dort erscheinen die Namen auf -ingen, -hofen, -weiler, -stetten viel häufiger unter die eigentlich fränkischen gemischt, als bei uns. Sodann aber treffen wir dort auf viel häufigere und deutlichere Einwirkungen der Römer. Das ist kein Wunder. Das linke Rheinufer sahen sie als festes, sicheres Besitztum an; hier lagen ihre grossen Standlager, hier bauten sie ihre Villen, hier zogen sie ihre Strassen; hier fühlten sie sich zu Hause. Auf dem rechten Rheinufer dagegen befand man sich auf Vorposten, vor dem Feind. Endlich ist natürlicherweise das keltische Element auf dem linken Ufer ungleich stärker vertreten, als auf dem rechten. Besonders in den Flussthälern des Rheines und der Mosel liegen die keltischen Ansiedlungen dicht neben einander.

Trotz dieser kleinen Abweichungen zeigt die Namengebung der mittelrheinischen Gaue ein gemeinschaftliches Gepräge: es sind dieselben Völker und Stämme gewesen, welche sich hier niederliessen, es sind im grossen und ganzen dieselben geschichtlichen Vorgänge über sie hingegangen und haben in ihnen ähnliche Spuren zurückgelassen. Sollte es mir es also gelungen sein, für die so wichtige und bedeutende ältere Geschichte unseres Rheinlandes durch die Beleuchtung der Ortsnamen unseres Gaues bei den Lesern dieser Blätter einiges Interesse erweckt zu haben, so würde ich einen wichtigen Zweck meiner Schrift damit erreicht zu haben glauben.

# Alphabetisches Verzeichnis.

Die Zahlen neben den Namen bedeuten die Seiten der Abhandlung, auf denen sie erwähnt werden. * vor dem Namen bedeutet, dass der Ort nicht mehr vorhanden ist.

Andresen = Andresen, die altdeutschen Personennamen, Mainz 1876, 2. Ausg.

Antiq. = Stramberg, Rheinischer Antiquarius. Coblenz.

Arnold = Arnold, Ansiedlungen und Wanderungen deutscher Stämme, Marburg 1881.

Beyer = Beyer, Urkundenbuch zur Geschichte der mittelrheinischen Territorien. 1860 u. folgg. Coblenz.

Fischer = Fischer, Geschlechtsregister von Isenburg, Wied und Runkel, Mannheim 1775.

Förtem. Ortsn. = Förstemann, die deutschen Ortsnamen, Nordhausen 1863.

Förstem. Namenbuch = Förstemann, Altdeutsches Namenbuch (Ortsnamen), zweite Bearbeitung, Nordhausen 1872.

Günther = Günther, codex Diplomaticus Rheno-Mosellanus, Cobl. 1822—26.

Heyne = Heyne, altniederdeutsche Eigennamen aus dem 9.—11. Jhd., Halle 1867.

Heintze = Heintze, die deutschen Familiennamen, Halle a/S. 1882.

Höfer = Höfer, Auswahl der ältesten Urkunden deutscher Sprache im Archiv zu Berlin, Hamburg 1835.

Lc. = Lacombet, Urkundenbuch für die Geschichte des Niederrheins, Düsseldorf 1840—58.

Müllenhoff = Müllenhoff, deutsche Altertumskunde, Berlin 1887.

Reck = Reck, Geschichte der Häuser Isenburg, Runkel, Wied, Weimar 1825.

Schmidt = Schmidt, Westerwälder Idiotikon, Hadamar 1800.

Vogel = Vogel, Beschreibung des Herzogtums Nassau, Wiesbaden 1843.

# A.

# B.

Seite

## I.

## J.

## M.

# S.